子どもの島沖縄

「こどものみかた」であるために

堀川　愛
沖縄県子ども総合研究所
こどものみかたプロジェクト

日本機関紙出版センター

序文

加藤 彰彦　沖縄大学名誉教授

２０１１年、東北で起こった原発事故の放射能の危険から子どもを守るため一人の母親が必至の思いで沖縄に渡りました。

そして余りに低い賃金も含め、当たり前の暮らしができない人たちの現実に接し驚かされます。

この島は27年間、米軍統治下におかれ、復帰後もその現実はほとんど変わらないままでした。

その沖縄で5人の子どもを抱え一人で生きていこうと決意した母親は、ある年の恒例の綱作りに参加して、おばあたちにこう言われたのです。

「あんた、何かあたしたちに言うことがあるんじゃないの？」

しどろもどろの返事をしていると、おばあがぎゅっと抱きしめこう語るのです。

「何でも言わんか、そういう時は頼っていいんだよ。がんばらなくていいんだよ。あんたのためじゃないさ、子どもたちのためさ、わかったか！」

この時、母親ははじめて人前でわんわんと号泣したというのです。

その母親が本書の著者、堀川愛さんです。

一人で我慢しなくていい。この島では誰もが悩みを打ち明け合い、緩やかな関わりをつくり、共に生きていくのだと感じた瞬間でした。

この生き方に共感した堀川さんは仲間と共に「沖縄県子ども総合研究所」をつくり、行政との協力のもと『沖縄子どもの貧困白書』をまとめることになります。

そして今は「こどものみかたプロジェクト」を設立し、子どもを軸にした新たな社会づくりに取り組んでいます。

沖縄に根付いてきたこの共生的生き方は、矛盾を深める資本主義に対抗できる唯一の原理ではないかと思います。

ぼくも沖縄で学んだ子どもを軸とした共生社会実現のため、暮らしの現場で生き抜きたいと心に決めている一人です。

はじめに

「もう死にたい。助けて」

そう言って電話の向こうで泣き叫ぶ一人の女の子のために、ゆっくり眠れる安全な居場所として緊急保護シェルターを開設したのが2018年の11月のことでした。

眠れない夜を何日も一人で乗り越え、「もう誰にも助けてもらえないと思った」としがみついてきた女の子と一緒に眠り共に生活しながら、これまでのたくさんのつらい経験を毎夜少しずつ聞くことからはじめました。

たった一人の女の子のために始めたシェルターは、今では行政からの支援要請も入ってくるようになりました。今ある子どもたちのための現状の制度では残念ながら誰一人も取りこぼさないということとは程遠いのが実情です。ですが今困っている状況にあり助けてほしいと願っている子どもたちはそこかしこにひっそりと存在しているのです。

この状況にいてもたってもいられなくなり「子どものみかたプロジェクト」の立ち上げを決意しました。

子どもの貧困問題が大きく取り上げられるようになり、全国的にも子どもの居場所が増え、子どもに寄り添って子どもの声に耳を傾けようという大人たちが増えてきました。

ですが子どもの居場所では、まるで何もなかったかのように他の子どもたちと一緒に食事をしたり遊んだりと普通に過ごしていることがほとんどです。

日々の暮らしにどんなに困難なことを抱えていたとしても、子どもの居場所が子どもにとって安全地帯であれば、そこでは日々の厳しさを忘れ、安心してのんびりとすごします。何か苦しいことがあるからやってくるのではなく、受け入れてもらえる安心感や、普通でいられることの方が子どもにとってはずっと大事なことだからです。

そうしてつかの間のホッとした時間を経て、居場所に他の子どもが誰もいなくなった時間や家に帰ってから家族が寝静まった深夜になって、本当は聞いてもらいたかった話を聞いてほしいと思える大人に向かってポツリポツリと話してくれるようになるのです。

「もう生きているのが嫌になる」
「将来とかなんも考えられない」

「どうせ私なんていないほうがいいってみんな思ってるから」
「あんたなんて生まれてこなければよかったのにって言われたもん」
「どうせ誰も助けてくれないから。言っても仕方ないよね」

これまで大人たちから投げられた言葉で大切な心を傷つけられた子どもたちは、そう言ってごまかすように笑います。それでももしかしたらこの人ならなんとかしてくれるかもしれないと、ほんの少しの期待をもって話しを聞かせてくれる子どもたちのために「こどものみかた」である大人を増やしていきたいという思いがますます強くなっていきました。

私たち沖縄県子ども総合研究所は、２０１５年から２０１７年にかけて沖縄県の子どもの困窮状況を把握するための調査を沖縄県と共に展開し、沖縄県は全国に比べて約2倍の3人に1人の子どもが経済的に厳しい状況の中で暮らしていることを明らかにしました。

この調査でも備考欄いっぱいに、厳しい暮らしへの不安や負担が語られていました。

「親として何としてでも仕事をして、用意できるだけの金額は頑張ります。（中略）他の子たちよりは身にまとう衣類、身の回りのものは与えていません。本人はうらやましいようです。依存せず、精いっぱいの頑張りの中で、足りない援助は考えてほしい。（高校生保護者）」

「夢をあきらめず進学してほしい気持ちと、経済的負担の不安とで、子どもには申し訳ない気持ちでいっぱいです。（高校生保護者）」

「なぜか不安になることがたまにあります。家計が苦しくて大学に行くべきか悩みます。親に無理をさせてまで夢を叶えたいかどうかも分からないです。（高校２年生）」

「家庭環境の問題で成り上がれないことはないと思います。だから、みんなにチャンスを同等に与える教育をしてほしい。学力だけでは測りえない人材は必ずいます。（高校２年生）」

当たり前の暮らしが普通に送れないという厳しい現実がそこには赤裸々に綴られていました。施策を作っていく行政職員の暮らしは経済的に安定しており、こうした声を聞かなくては、厳しい現実が見えてきません。私たちはこのような実態をもっと行政側に知らせていかなくてはなりません。

知ったからこそ伝えなくてはならないことがある。その思いだけでここまで走ってきました。

今、現場で子どもたちと関わっていく中で、沖縄の子どもたちに何が起こっているのか、私自身がここで暮らしてみてきたこと、子どもたちとの関わりの中で見えたこと、これから私たちが取り組んでいきたいことをこの一冊にまとめました。

かつては声を出せなった子どもの一人だった私がはじめたこの小さな一歩が、未来の大きな一歩へと繋がっていき、子どもたちのためのこれからの希望にあふれる社会づくりを本気で一緒に考え動ける仲間が全国に広がっていくことを願っています。

2019年8月

堀川　愛
こどものみかたプロジェクト
沖縄県子ども総合研究所　所長

もくじ　子どもの島 沖縄～「子どものみかた」であるために

序文　加藤 彰彦　2

はじめに　4

第1章　沖縄県子ども調査から　15

子どもの貧困対策の無料塾から　16
あきらめた進学の夢　18
現実に即した子ども支援を　24
沖縄県子ども調査実施への経緯　25
調査実施に向けた地盤固め　27
調査の意義と転機　32
調査実施に向けて　34

県と共に進めるということ　35
官民の生活感のずれ　37
県職員とより強固に意識を一つに　43
大切にしなければならない回答者の思い　49
数字をそのままにしない　53

第2章　沖縄の子どもの貧困　57

絶句した記者　58
東京のコンビニ求人広告に驚く　61
2時間半かけてアルバイト先へ　65
常識を疑う　70
見えた暮らし　71
体験経験がない子どもたち　73
基地と子どもたちの暮らし　76

全国と異なる学童保育の成り立ち　78

第3章　教育現場の葛藤　81

現場に出てわかること　82
全国統一学力テスト結果報道への疑問　82
文科省の「確かな学力」とは？　86
学力テストのために支援学級が増えた？　88
子どもの貧困と学力問題　93
管理教育が変わる時　96
子どものはじめての社会　103
指導か、排除か、排除の連鎖　107
不登校と教育　109
家庭の次にできる社会　112
学校制服問題と子どもの貧困　116

義務教育と貧困問題 118
「子どもの権利」と貧困 121
「子どもの権利条約」を体感するワークショップ 123

第4章 大人の思い・子ども支援の在り方 135
沖縄の最初の子ども食堂ができるまで 136
子ども食堂ブームから起こった課題 140
民間支援の温度差 145
「子どもの権利」を大切にするということ 152
移動の自由を奪われている沖縄 157
バス定期券半額支援に 164

第5章 子どもの島への願い 167
どこよりも子どもたちを大切にする島に 168

沖縄で暮らして　170
子どもの島沖縄へ…具体的にできること　175
沖縄県子ども総合研究所から、「こどものみかたプロジェクト」へ　179
「子どもの権利」広めるライフワーク　183
〝すてっぷはうす〟～制度のはざまの子どもたち　184
思うままに過ごせる場所　190
眠れない夜を超えて　193
制度の狭間の子どもたち　197
子どもたちとつながること　200
大切なことは子ども自身が決める　201
「命どぅ宝」の精神で　207
子どもの島への提案　208

こどものみかた～おわりにかえて　216

第1章

沖縄県子ども調査から

子どもの貧困対策の無料塾から

「今、進路に迷っているんです」

そう相談してきたのは、県内の高校3年生のひとり親家庭の女の子でした。

沖縄県では、2015年に県が実施した独自の調査で子どもの貧困率が29・9％で、実に3人に1人の子どもが経済的困窮状態にあることが明らかになりました。

その結果を受け、県はすぐさま緊急対応として、いくつかの子どもの貧困対策を打ち出しました。その中でも特に精力的に取り組み、県内でも注目が集まったのが、子どもの居場所としての食事を無償で提供する子ども食堂と進学のための無料塾でした。

進路に迷っていると相談をしてきた女の子も、新しく学校のそばにできた無料塾に通っていました。それまでは、親家庭が経済的に厳しく、昨今の進学向けの塾の費用は月額で数万円するため、当然負担することができず、塾には通わずにいたそうです。当の本人は、

「勉強も好きじゃなかったし塾なんて行きたかったわけじゃないけどね」

と笑っていました。

「ひとり親家庭・生活保護世帯は無料で通える」というチラシが学校などで広く配布され、それを見た母親から、これに通ってみないかといわれたのをきかっけに、彼女は最初は仕方なく無料塾に足を運んでいました。

周りの友だちが関東や九州などの大学に行きたい、専門学校に通って美容師になるなど、将来のことを語るようになってくる中、自分の家にはそんなお金はないだろうから、進学なんてしなくていいや、と勉強への興味もすっかり失い、特にやる気があるわけでもなく、なんとなく毎日を過ごしていたそうです。

彼女としては、まあ、お金がかかるわけでもないし、親もなんだか喜ぶし、とりあえず入っておけばいいだろうと軽い気持ちでなんとなく無料熟に通い続けているうちに、今までどこでわからなくなったのかすらわからなかった勉強が、徐々にわかるようになり、どんどん勉強が楽しくなってきました。そうしているうちに、いつしか彼女の成績は飛躍的に伸び始めたのです。塾の先生も、学校の先生も、これには驚きました。

「この成績ならどこの大学でも行けるよ、進学をしてみないか」

と声をかけられるほどに成長した彼女は、徐々に自分の将来への夢を持ち始めました。

「将来こういう仕事がしてみたい…。」

ある日、塾で漠然としながらも自分がやってみたいことを話してみたところ、塾の先生から、その内容を学べる学校は残念なことに沖縄にはないと聞かされました。でも、本州であれば学べるところがいくつかあるから、今の成績なら十分受かる可能性がある。やりたいことが見つかったなら、ぜひそこを目指してみるといいと薦められたのです。

あきらめた進学の夢

進学をするとしても沖縄県内で、と考えていた彼女はどうしたらいいかわからなくなり、愚痴をこぼす程度の軽い気持ちで、私のところにふらりと相談に現れました。

「どうしたい？」

私がそう声をかけると、

「ほんとは、内地（本州）の学校でその勉強をしてみたい。ちゃんと資格も取れるし」

と彼女はまっすぐな目で答えました。

「いいと思うよ！　めざしてみたら？」

と明るく声をかけましたが、

「ううん…でもやっぱりいけない」

と彼女は眼をそらしてうつむきました。

「なんで？　成績厳しい？」

と聞くと、彼女は少しためらってから
「ううん、成績は余裕だって先生も言ってた」

「じゃあどうしていけないと思うの？」

「だってさ、内地行くの大変だから」

「そうだね、でもなんとかなるんじゃない？　何が心配？」

「ううん、わかんない、なんか心配」

「じゃあ、とりあえず挑戦してみたら？」

「………」

何か考え込んで、それから彼女はゆっくりゆっくりと、お母さんとのこれまでのことや家のことを話し出しました。


小さなころからずっとひとり親でお母さんは働きづめだったこと。

いつもお母さんは自分のことは後回しで、子どものことばかり優先してくれたこと。

すごく忙しいのに学校の行事には欠かさず来てくれたこと。

高校のお弁当も、仕事が遅くまであった日も、毎朝早くに起きて作ってくれていたこと。

夜勤があっても、ご飯はいつも必ず用意してくれていたこと。

まだきょうだいがいるから、これからもやっぱり家は厳しい状況だと思うこと。

高校を卒業してすぐ自分が働いたら少しは足しになるかなと思っていたこと。

自分は勉強ができないから、なんの役に立たないかもと思っていたら、無料塾に通って勉強が楽しくなったこと。

これなら大学に行った方がいい就職ができるかなと考えていること。

やってみたい仕事、とってみたい資格ができたこと。

でも、学費をお母さんに負担させるのはどうしても悪い気がすること。

内地に学校を見に行くお金も用意できそうにないこと。

受験するにも数万円の費用がかかると聞いたこと。

大学に通いながらアルバイトで生活をと考えたけれど、両立させられる自信が持てないこと。

内地での生活費や学費を考えたらやっぱり厳しいからできないんじゃないかと思うこと。

「大人はみんな進学したらいいのにって言うんだけど、どうしたらいいかわからなくなっちゃった」

と彼女は苦笑しました。

「この話はお母さんにしたの？」

「してない」

「なんで？」

「だって話したらお母さん、絶対がんばっちゃうもん。もうこれ以上私のことでがんばらなくていいのに。だから言えない」

子どもの貧困対策のための無料塾に通って、勉強が好きになり、将来の夢を持てた彼女は、その後の進路のための費用や暮らしのことで、これ以上お母さんを頑張らせたくないと思い悩んでいました。

「それでも、お母さんには話してみたほうがいいんじゃないかな。もう頑張ってほしくないっていう気持ちも、全部話してみたら？　黙って決めちゃったってあとで聞いたらお母さんショックかもしれないよ。話してみてから考えてもいいんじゃない？」

「そうか…そうだね…もうちょっと考えてみる」

そういって彼女は事務所を後にしました。

それから数カ月。受験シーズンも終わり、彼女から連絡が入りました。

受験結果の報告だ！　合格か！

と勝手に想像しながら、できるだけ平常心で声をかけました。

「久しぶり、その後どうしてた？」

「うん！　進路決まったよ！」

とても明るい声で元気よく答えてくれたので、これは将来の夢に一歩前進したかと思いましたが、続く彼女の話はそうではありませんでした。

「あれからいろいろ考えたんだけどね、前に話してたのとは全然違う県内の専門学校に行くことにした。こっちの学校なら内地に行くよりは生活費とかも実家ならそこまでかからないし、学費はバイトでなんとかできそうだし、家のこともできるし。内地の学校はあきらめた！」

「そうかあ…。とにかくおめでとう！　がんばったね！　…ところで前の話、お母さんにできたの？」

「ううん、しなかった。だって言ったら内地に行きなさいってお母さん絶対がんばっちゃうもん。もうお母さんは私のことでがんばらなくていいの。だから言わなかった。内地に行きたかったって話は絶対内緒にしててね！」

県が打ち出した子どもの貧困対策制度を利用し、勉強の楽しさを知った彼女は、それまであきらめていた進学に手が届くような成績を取れるようになりました。

将来への希望や夢を持てるようにもなりました。ですが彼女は、これからの現実の暮らしと、今の厳しい状況を考え、ひとり親であったお母さんに、これ以上苦労させたくないと、本当にしたかったことをあきらめてしまったのです。

現実に即した子ども支援を

慢性的な経済的困窮が子どもにもたらす影響は、目の前の対処療法的な支援だけでは、とうてい足りていないんだということを、この時リアルに突きつけられました。

子どもの成績がどんなにあがっても、その後の進路にかかる費用や、維持費は親の暮らしが豊かにならない限り、やはりどうしても難しいのです。子ども支援や無料塾だけでは、足りない現実がそこにありました。

私たちは、もっと視野を広く将来を見据え、現実に即した子どもたちのための支援を考えていかなくてはなりません。すべての子どもたちが将来の夢や希望をあきらめることの無いよう、世帯そのものが安定していくような経済的な支援や施策をもっと具体的に展開していかなくてはならないのです。

沖縄県が実施した子ども調査で見えてきたことは、本当に氷山の一角だったと思い知らされました。見えてきた氷山のその下にある、大きな大きな氷の塊をどうしていくのか。ここから目を背けていては、どこかでまた彼女と同じようなことが繰り返されていくのです。

「大丈夫、がんばるよ」
と屈託のない笑顔で笑った彼女のその裏にひた隠しに隠した母親を思う優しい気持ちを私たちは絶対に忘れてはいけないのだと思います。

沖縄県子ども調査実施への経緯

２０１５年、沖縄県は全国に先駆けて、県独自の「子ども調査」を実施しました。この調査のポイントは、「沖縄県独自の貧困率を算出すること」と「沖縄で暮らす子どもたちの暮らしのリアル」をしっかり拾い出すことでした。

当時、全国の子どもの貧困率が16・３％（厚生労働省２０１２年）だと発表されており、実に６人に１人の子どもが経済的貧困状態にあるというセンセーショナルな報道が全国的になされていました。内閣もこの数字を重く受け止め、子どもの貧困問題を解消するために動き出そうと、「子どもの貧困対策大綱」を制定し、動き出したところでした。

そんな中、全国一所得が低く県民所得２１６万円（２０１５年県民経済計算　沖縄県企画部）の沖縄県の子どもたちの状況は、全国よりもより厳しい状況であろうことは容易に想像がつきました。

しかし、想像がつくというぼんやりした状況だけでは、それらの問題を今後どのように解決すべきものなのか、行政としての過不足がどこにあるのか、子どもや保護者の必要としていることが何かを明確に表すことは到底できません。子どもたちの、そして子育て世帯の実態を丁寧に紐解き、既存の支援策の過不足を確認し、さらには当事者の声を聴き、本当に必要なことを引き出していかなければ具体的な解決に結びつかないのです。


沖縄県のこの調査では、2015年の小・中学生の調査からスタートさせましたが、子育て世帯の生活実態をきちんと聞き取る調査内容の展開を行うために、本来であれば、全世帯で悉皆調査を展開したいところではありました。しかしそこまでの大規模調査は予算的にも厳しいものでしたが、最低でも調査対象は乳幼児期から高校生までの保護者と学童期にある子ども本人と設定し、調査期間を3年間ワンサイクルとし、定点観測することを提案しました。

それぞれの年齢や生活状況によって異なる困り感や厳しい状況（または仮説に反した状況のどちらか）を調査結果から数値化し、既存施策の過不足、調査から見える必要施策の提言を、ライフステージ毎に提案していくことを、調査の最終的な目標としました。

調査実施に向けた地盤固め

沖縄県は、早い段階から内閣が子どもの貧困対策として各都道府県に努力義務として課した「子どもの貧困対策計画」の策定を決めていました。しかし、沖縄県としては当初は、内閣が設置した15の項目をもとに計画策定をすることに決めており、特別「子どもの貧困対策計画」のための調査を実施するということは考えていないとのことでした。

内閣が設定した貧困の指針は、養護施設出身者の進路や、ひとり親の状況、就学援助の周知状況などに偏っており、子どもの貧困をすべて網羅した項目からは程遠いものでした。この指針に沿った支援策を打ち出していたら、特定の状況にある子だけの施策に偏ってしまうのは目に見えています。

私たちがこれまで現場で見てきた沖縄県の子育て世帯の暮らしは、特別な状況にない一般の世帯でも、かなり厳しい経済状況にあることは見えていました。見えている範囲でこれだけ厳しいのであれば、より多くの世帯が大変厳しい状況であることが容易に想像できていた私たちは、県が実態を丁寧に調査し、支援対象をきちんと見極める必要があると思っていました。

そこで私たちは、県に調査実施の意識を持ってもらうために、まず「実態調査がなぜ必要であるのか」を県会議員に理解してもらうことから始めました。

県が調査を実施するつもりがないと決めている以上、議会で追及してもらうことしか手がないと判断したからです。

私たちは、他府県の調査実施の比較として「大阪子ども調査」（研究代表　同志社大学埋橋孝文氏、２０１２年調査）の概要等を用い、調査の必要性と調査から見えることを説明するため県内の議員を超党派で訪ね歩きました。県に対しても同時に調査の意義を説明する機会を設けていましたが、その一方で議会でもこの問題をしっかり取り上げてもらえる基盤づくりをしていったのです。

子どもたちの暮らしの厳しさを現場の肌感覚で知っている私たちは、なんらかの支援策を打つためにも、現状を打開するためにも、沖縄で暮らす子どもたちの生活実態を行政にきちんと数字として明確に見てもらわなくてはならないと考えていました。

行政が実態を知り、具体的に動き出すことに意味がある。それ以外に意味はないと強い決意をもって、研究所スタッフが一丸となり下準備に取りかかりました。こうした動きは実際に調査が開始される約1年前から仕掛けとして展開しはじめたものでした。

子どもたちが未来を安心して考えていくために必要な社会とはどんなものなのか、私たち大人にいったい何ができるのか、それを私たちは常に自問自答しながら、議員へのロビー活動を展開していきました。

しかし、議員との話し合いは一筋縄ではいきませんでした。

――確かに調査は必要かもしれない。でも調査していったい何がわかるのか。

――調査して何か明確になったからといって、どうせ何も変わらないんじゃないか。

――調査もその後の対策も、予算はどこから出るんだ。

――厳しい実態がわかると県も立場がないんじゃないか。

――子ども支援は今すでにそれなりにやっているだろう。

――保育の調査では足りないのか。

子ども関連の施策には、議員も声を上げやすいので理解も得やすいと一般的に言われていたので、正直もっとすんなりいくかと思っていましたが、この件に関しては大変厳しい意見が多くあがりました。

調査をすることで、子どもたちの厳しい実態が明確になるのであれば、県が何もしないわけにはいかないという事実を突きつけることになります。調査後の予算化や展開すべきことが多くなりすぎてしまう恐れが容易に想定できるため、県が調査自体を嫌がる可能性を指摘されました。ですが、新しいことを始めるには、よほどの覚悟が必要であり、その覚悟は行政関連であればあるほど慎重になるということははじめから承知の上でしたし、嫌がるからといって現実を見ないことにして対策を打たないというのは政治の怠慢ではないのか、と強く説得し続けました。

調査をしてもその結果何かが動くことはないんじゃないかという意見は、確かにもっともではありました。

これまで行政が実施した調査で、調査結果をもとに新たに具体的な対策をはじめたという例を即座に思いつけなかったからです。

建設が決まった施設に関する利用意識調査や、すでに予算がついているプロジェクトに関する調査であれば、結果をみるまでもなくやることが決まっています。何かを始めることが決まっているうえで調査するのですから当然なのですが、沖縄県がこれからやろうとしている調査は、（ある程度の仮説を立てながら進めたとしても）結果からその後すべきことを読み解いていかなくてはならないまったく新しいものです。

沖縄県の子ども調査は、調査自体を一から作り、調査を実施し、その結果を見て、何かを新しく施策として作り出さなくてはならない性質のものでした。これまでそういった調査の例があまりなく、これまでの慣例を考えると、調査をするということへの共感が得にくくなっていたのでした。

すべて一からスタートするという、これまでにないプロセスを踏む先駆的な調査。私たちはそれを外注の委託事業者が全て担うのではなく、官民が一体となって共に取り組むスタイルであるべきだと望んでいました。あくまで調査主体は沖縄県とし、私たち事業者は行政サポートとして専門的知識の共有や先進事例の整理など調査展開の裏方として立ち回ることで県がこの問題への理解を深め自主的自発的に動けるようになるために必要な助言・サポートを主な業務として構築しました。沖縄県子ども調査は、県が本来の意味で主体となり実施するという、他に類を見ない新しい挑戦的な取り組みの提案でもあったのです。

調査の意義と転機

子どもたちの暮らしや将来について、当事者である子どもやその保護者たちに聞くというこの調査の意義をより多くの人にしっかりわかってもらえなければ、調査は実現できません。

――私たちはこれまで、厳しいものを見ないようにしてこなかったか。

――既存の施策や児童福祉の観点においても、少数かもしれない弱者の視点を見ないふりをしてはいなかったか。

――おおよその平均的な暮らしをもとにスタンダードモデルを構築していないか。

――平均的な人に享受されているならば例外は仕方がないと、厳しい状況にある人たちへの支援をあきらめてはいなかっただろうか。

私たちは自戒も込めながら調査意義を切々と訴え続けました。

転機は、２０１５年1月の翁長雄志県知事の所信表明でした。全国で子どもの貧困問題が取りざたされている中、沖縄県として取り組みたい大切な事項として、独自の子どもの貧困対策計画を策定すると翁長知事が所信表明の中で発表したのです。

この表明を受け、２０１５年の沖縄県議会において、「子どもの貧困対策計画策定のための実態把握は行わないのか」という具体的な質問が出されました。

県は当初、独自の調査展開は考えておらず計画策定のみを行うという調整をしており、調査を展開する予定はないと回答していました。しかし、県民生活の実態把握なく作られる計画にどれほどの効果があげられるのでしょうか。私たちはここぞとばかりに、議員のみなさんに調査をする意義を議会で訴えてほしいとお願いし続けていきました。

ここにくるまでの間に丁寧な調査がなぜ必要なのかを具体的に説明し続けたことが功を

奏し、議会での追及は、調査根拠をはっきり提示したものとなりました。県も確かに調査は必要だと認識を改め、県当局が軌道修正をかけることになったのでした。

こうして沖縄県で全国に先駆けて、独自の子ども調査が展開されることとなったのです。

調査実施に向けて

調査の実施にあたり、県から公募が出されることとなりました。私たちは沖縄県子ども総合研究所として公募のプレゼンテーション準備に取り掛かりました。

意義ある調査を行うために、まずは子どもの貧困について見識の深い研究者の話をしっかりと聞く必要があるだろうと、すぐに東京に出向きました。沖縄県子ども総合研究所の立ち上げにご尽力いただいた、私の心の師でもある加藤彰彦氏と共に、首都大学東京の阿部彩氏、当時千葉の明徳短期大学に在籍されていた山野良一氏（現沖縄大学教授）、立教大学の湯澤直美氏と、本調査に向けての意見交換を行い、同時に沖縄県の調査への協力をお願いに回りました。

研究者のみなさんは、全国初の都道府県単体の調査で、特に県が単体で算出しようとしている県独自の子どもの貧困率に関して、実施に向け全力で取り組みたいと大きな期待を寄せてくださいました。

国は子どもの貧困対策計画を都道府県に努力義務として課していましたが、どのような計画を策定するのか、計画策定に調査が必要なのかというようなことはどこにも明文化されていませんでした。計画策定自体が都道府県まかせだったため、議会追及により急ごしらえで行うことになった調査は、他の子ども関連施策予算を使うという形をとることとなり、調査、計画のすべてにおいて、沖縄県が先駆的に一から作るものとなったのでした。

県と共に進めるということ

子どもの生活実態を把握する調査を実施することになったとはいえ、今度は、どうして調査が必要なのかを行政担当者側にしっかりと理解してもらうことが必要となりました。

私たちは委託事業者ですが、この調査と調査結果は今後の沖縄県の子どもの関連施策の大きな礎となるものです。子ども調査の持つ特性と意義をきちんと担当者に理解してもらい、行政と委託事業者である私たちとが同じ方向を向いて、一緒に考え構築していくことが何よりキーになると考えていました。

通常委託事業者は、単年事業の予算計上の中で行政と付き合います。次年度以降の事業が継続できなかった時のことを想定し、この先どの事業者がこの問題に取り組むことになったとしても、沖縄県が子どもの貧困問題に向き合っていくための基礎となる知識と支援の方向性をきちんと持っていれば、その支援策や対応に大きな間違いは起こりません。行政側が、この調査の本質をしっかり見極め、その結果を意義あるものととらえ、何を目的とし、今後どのように展開していくのかを自分たちできちんと理解することが、この調査を展開していく上での一番の柱となる重要なポイントでした。

とはいえ行政は業務委託をしているのですから、外部のコンサルタント会社に丸投げしてしまえば、できあがったものを逐一チェックをすればよいだけです。この方が一般的な委託業務の進め方なのかもしれません。ですが私たちは、どうしてもこの調査は行政と一緒になって作っていかなくてはならないと思っていました。他人任せの、表面上の成果物のチェックだけした委託調査ではなく、自分たちが問題意識をもって直接取り組んだ調査であると認識してもらい、この問題に一歩踏みこんでもらいたかったのです。

官民の生活感のずれ

調査の肝心かなめとなる調査項目を作る段階で、予想はしていましたが、官民の生活感や貧困認識へのずれを感じることが多くありました。端的に言うと、行政担当者は生活に困ったという経験から一番遠いところにいて、いったいみんなが何に困っているのかさっぱりわからないのです。

根本的な部分で、「子どもの貧困」というものへの理解も当初は正しい認識とはほど遠い感覚的な想像の範疇のものでしかありませんでした。

――子どもに貧困ってそもそもないですよね？　稼いでないですもんね。

――沖縄なんだから、沖縄の所得の平均以下を貧困と定義したらダメなんですか？

――そもそも全国と比較する必要なんてあるのかよくわからないのですが。

――保護者の怠慢ですよね。手当とかいろいろあるのにどうして貧困なのですか。

県庁職員は児童福祉の専門家でも、貧困問題の研究者でもありません。いわゆる一般の方と同じ知識や感覚しか持ちあわせていないのは仕方のないことです。
日々の普通の暮らしの中で、子どもの貧困などに問題意識をもって暮らしてきているわけでもないわけです。支援策を模索したり計画を策定したりするためには、自分たちとは全く異なる基準や常識の中で暮らす人たちがいることに思いをはせなくてはなりません。それには、相当の想像力と、広い視野が必要です。

厳しい暮らしの人々がなぜそのような状況になっているのか、どういう支援が必要なのか、ここにずれを生じさせないためには、「子どもの貧困」の正しい理解を持ち、調査結果で見えてくる生活実態を真摯に受け止め、当事者の立場をきちんと理解した上で具体的な施策を打ち立てていかなくてはならないのです。

専門領域で構成したチームがこの調査にあたる意義はここにあったと言っても過言ではないでしょう。「子どもの貧困」とは何か、「この問題への社会の誤解や偏見はどこにあるのか」など、この問題の本質の部分を行政側に丁寧に説明することが何より大切な基礎になる部分だったからです。それは子どもの貧困に関しての見識の高い研究者で組織した調査チームであったからできたことでした。

もしもこの調査を数字のみを得意とする調査会社が請け負っていたら、このような専門領域の丁寧なすり合わせは難しかったのではないかと思います。


――仕事場が突然なくなるなんて、そんなことありえないでしょう？

――そんなに安い賃金で働くなら転職すればいいのに。

――交通費が出ない、残業手当が出ないなんて、そんなことがあれば労基署が黙ってないですよ。

――正社員なのにボーナスが出ないことなんてあるんですか？

――車をあきらめて生活保護になればいいじゃないですか。

――2人働けば、もうちょっとなんとかなりそうですよね？

――習い事くらいみんなやってるんじゃないですか？

――部活の費用が払えないなんて、そこまで余裕がないわけないですよ。

――40代で手取り10万円台なんて、そんなわけないですよね。なんでそんなところで働いているんですか。

――これだけ厳しければ子どもにも働いてもらったらどうですか。

――子どものためなら月に数万円くらいはなんとかできるでしょう。

――生活保護をもらいながらアルバイトでもなんでもしたらいいのに。

――それじゃあ最低賃金保障されていないんじゃないですか？

――いやいや、高校の通学費くらいは普通出せるでしょう。

――お金がないのに子どもがいること自体がもうダメなんじゃないか。

――仕事はたくさんあるだろうに。選んでるんですよ、きっと。

――ダブルワークとかしたらいいのに。

この問題について共に考えていく中で、行政側から次々と素朴な疑問が出てきました。多くは単純な驚きと信じがたいという反応、そしてどうしてそんなことになっているのかちょっと想像できないという感想でした。

ですがこれらは沖縄県では実際に起こっていることを例に話しただけで、そんなに極端に厳しい世帯のことではない日常の実話をいろいろと挙げていただけなのです。県庁の職員にとっては、どの話もカルチャーショックを受けるものばかりだったようでした。本当にそんなことがあるのか？とまったく信じてもらえないようなことも、今まで見えていなかっただけで、私たちの暮らしのすぐそばで起こっているのだと、丁寧に伝えていきました。

この意識の違いは、公務員の安定的な暮らしと困窮世帯の暮らしの差がそのまま出ているだけだとも言えます。こうした素朴な疑問や意見の中に、生活に困窮している方々を追い詰めてしまうような言葉や、誤解や偏見が含まれているのも事実ですし、「子どもの貧困対策」を担当する方が、こうした意識を持っていると、施策を立てる上で本質的な部分を見落としてしまう可能性が否めません。どこに誤解があり、どこに無意識の偏見があるのか、一つずつ丁寧に根気強く紐解いていくしかありません。

ある時には子どもの貧困問題をわかりやすく解説している書籍を紹介し、ある時には貧困問題についての概念のレクチャーをしたりもしました。書籍を読んでわからなかったところを次のミーティングで、「ここの意味がわかりにくかったのだけれど、どう読み解くのが正しいか」など、具体的に一つひとつ疑問を解決していきました。わからないところをクリアにしていく作業が丁寧にできたのも、私たちが専門領域を熟知したチームだったからですし、県の担当者がこの問題に本当に真摯に向きあってくれたからでした。

――この調査はそもそも何を見るために展開するのか。

――自分たちの思っていた困窮家庭の状況は、予想に対して実際はどうなのか。

――実態を見るためにどんな調査項目が必要なのか。

――そもそもこの調査を展開するにあたり、県は何が見たいのか。

――見えてしまったものをどうしたいのか。

――見えすぎてしまうと困るのはなぜか。

――見たい部分はどこで、見たくない部分はどこなのか。

――本当は見なくてはならない部分を見ないふりはしていないか。

――現状を個人の資質の問題や責任にしてはいないか。

調査の基礎の部分では、調査を展開して見えることは何かについて、議論を重ねていきました。調査項目を立てる前に、そもそもこの調査で何を見ていくのか、それを見るのはなぜか、という基礎の考え方をきちんと持つことが大切だということを徹底して共有しました。行政として調査を行う以上、その結果を個人問題に終結させずに、きちんと分析した結果をもとに、施策展開を行うため、どこでこの調査のことを聞かれても、きちんと答える下地を作ることは重要でした。

県職員とより強固に意識を一つに

調査項目の組み立てには、かなりの時間を擁しました。子どもの貧困問題の具体的背景を知るために、世帯の生活実態を聞きだす調査となります。そのためには世帯構成や経済状況を聞くことはもちろんのこと、既存の支援策への接続、社会とのつながり、学校での生活、親子関係、精神的な状況など、世帯の経済状況とどのような関係にあるのかを確認したほうがよいものがたくさんあります。これらを整理しながら、具体的な質問へと落し込んでいきました。

――所得を聞く場合の「所得」という言葉に誤解は生じないか。
――世帯構成はどこまで詳しく聞くべきか。
――男女差を見る必要はあるか。

――施策は必要な人にきちんと届いているのか。
――既存施策が使えていないのは、なぜなのか。
――施策を使っている理由、使えていない理由を把握しているか。
――施策自体がきちんと周知されているか。

すでに展開されている支援施策があるから、これは聞かなくてもよいのではないかという判断が本当に大丈夫なのか疑義を呈したこともありました。

――世帯構成で経済的・社会的に助けられている部分がないか。
――本当に困っているのか、実は困っていないのか。
――何に困っているのかを具体的にどう聞くか。
――子どもを育てていく上で困りごとになりそうなことはなにか。
――保育園の利用状況はどうか。
――学童期の困りごとにどのようなものがあるか。

このような子育て論については、県担当者がちょうど子育て中だったこともあり、どんなことで困っているのかを具体的に話し合うこともできました。

――経済事情をどう聴けば回答しやすいか。

――学歴による差異は出るのかどうか。

――世帯構成で助けられている部分をどう聞くか。

項目一つひとつの意味を確かめながら、時に熱い議論を交わし、貧困問題が自己責任ではない理由はどうしてなのかを何度も説明しながら、県担当者と一緒に調査を組み立て、調査票を作りあげました。２０１５年当初の担当の3名の県庁スタッフの方々とは、会議のたびに夜遅くまで、本当にたくさんの時間を共有し、たくさんの意見を交わしました。

具体的には、参考として先進的に取り組んでいる地域の資料を共有したり、視察に行った方がいいような地区の情報を共有し実際に足を運んでもらったり、読んだ方がいい子どもの貧困や福祉に関する本を持参し次回までに読んできてもらったり、参考資料として県内の求人情報を持っていったり、実際の暮らしの中での例を具体的にあげたり、時には、実際にハローワークにいま出ている求人を見に行ってもらったりもしました。

ある時、担当者が児童養護施設を見たことがない、いまどき親に捨てられる子どもはほとんどいないですよね？と発言したことをきっかけに、児童養護施設の一つの、とある乳児院を一緒に尋ねたこともありました。子どもたちの暮らしを見てもらいながら、どうしても子どもを手放さなくてはならない人がいることをその目で確かめてもらい、その理由を知ってもらう機会を設けたのです。

「この子はちょうど出産から5日でこちらに来たんですよ」

と、小さな赤ちゃんを抱っこしながら施設の職員の方が説明してくれました。お母さんは10代だったそうですが、赤ちゃんを手放すその時までずっと自分でちゃんと育てたいと泣いていたそうです。お父さんは誰だかわからず、実家は子育てをサポートしてくれるような体制もない状況。お母さん一人では、経済的な自立もまだできておらず、赤ちゃんと一緒に共倒れしてしまう。しっかり自立ができるようになったら赤ちゃんを迎えに来てあげてください。それまでこちらで預かりますから、とお母さんを説得した経緯を話してくれました。

他にも、お父さんの会社が倒産し、他のきょうだい児がいて、どうしても末子の養育が困難となり役場を通じて預けられることになった子、保護者の疾病でどうしても子育てが難しくなって預けられた子、自身に虐待傾向があることをお母さん自身が恐れ、そうならないためにと預けられた子など、それぞれさまざまな事情で、ここで暮らす子たちがいるということを、スタッフの方や施設長さんから丁寧に聞き取りました。

「昔に比べたら、だいぶここへ来る子どもの人数が減っているのは確かです」

と施設長は語っていました。

しかしそれは、虐待やなんらかの事情で育てられない子が減ったのではなく、そういう措置を取るまでの段取りにつながる子が減っていること、そして運営中の1年間、常に収容人数を8割以上に保たなくてはならないため、短期緊急的な子たちを取れる仕組みが減ってきていることなどもその要因であることを話していました。児童福祉施設の運営と予算の仕組みの中に、子どもたちを守ることよりも、安定的な収容人数を保つためのルールが入れられていることを知らなかった私たちは、県庁職員と一緒に驚きました。

調査をきっかけに出かけた視察でしたが、制度のおかしさや利用しにくさを目の当たりにし、改善すべきことはまだまだたくさんあると、県職員とより強固に意識を一つにした場面でもありました。

たかが調査を展開するだけの話のはずが、こうした児童福祉の根幹となる基礎固めともいえる議論や視察に終始しっかりと付き合い、真摯に向き合ってくれた県庁のスタッフの方々は、最初は半信半疑からのスタートだったと思います。それから何度も何度も、お互いにしつこく意見を交わしていくうちに、加速度的に問題意識の共有がなされていきました。

そしていつしか、より深い福祉的観点からの疑問へと議論の内容が変化し、自分たちが担うべき役割の重要性とともに調査の意義がしっかりと県庁内にも共有されていきました。調査が終わる頃には、外注の業者と発注者という関係から、ともに戦った同志のような関係になったと思っています。

調査を終えて展開された施策のスピード感と、斬新なアイデアたちは、スタートからの丁寧な問題意識の共有があってこそだったといっても過言ではないでしょう。

大切にしなければならない回答者の思い

行政の実施する調査というものは、回答してもどうせ意味がないだろうと思ってしまうのは自分が行政の実施する調査対象になることがあまりなかったからでしょうか。それとも調査に協力した見返りがなにも感じられなかったからでしょうか。私のイメージする調査のパターンはだいたい三つです。これ以外にも当然調査パターンは存在するのでしょうが、普通に暮らしている中でなんとなく感じることのできたものはこのくらいのものだと思います。

①いつの間にか知らぬ間に調査を実施しているもの（自分が調査対象になることは稀）。
②数年に一度全世帯に調査しているらしいもの（統計調査など）。
③何かの建築や施策のためのニーズを聞きだすもの（保育ニーズ調査や道路建設など）。

②の統計調査以外は、基本はほぼ抽出調査で行われているため、調査対象にあたること

自体が本当に珍しいことではないでしょうか。さらにいうと、こうした調査で運よく調査対象となったところで、その調査結果を目にする機会や自分が回答した調査結果が何かの役に立ったという実感が感じられた経験があることは本当にごく稀かと思います。

調査へのご協力をお願いします、というお願い文書は見たことがあっても、「ご回答いただいた調査結果はこちらです」というように、後日報告書が送られてくるとか、「みなさんの回答からこのような施策ができました」という具体的な施策として反映された経験がある、などということを、少なくとも私は聞いたことがありません。

そんなものが本当に必要?という声もあるかもしれませんが、なんのための調査なのかな?と思いながら、忙しい時間を割いて、生活実態や思いを書き込んだ調査が、その後どうなったのかを知る権利は、調査に回答した人には当然あるべきはずのものです。

ですが往々にして調査実施側は、回答者にわざわざ調査結果を知らせる必要などない、結果から何かが成し遂げられればそれでいいだろう、そもそも回答結果を印刷して回答者に配るような予算は用意されていない、またはホームページで公表しているからそれを見るだろう、という勝手な解釈と都合で、回答者へのフィードバックがなされてこないことが慣習化されているのだと思います。

このように回答者をなおざりにしてしまうと、結果として調査へ回答したこと自体が、自分が何に協力したのかよくわからない、回答したことに意味があったのかよくわからなかったという印象を持たれてしまいます。こうした思いの蓄積が、今後のさまざまな調査への協力者が減ることに繋がってしまうのです。

子どもに関連する施策は特にこの傾向が強く出るのではないかと思います。というのも、子育て中は本当に毎日が成長と新しいことの繰り返しで、仕事に育児に家事と本当に目まぐるしく目が回るような毎日の中、それこそ行政がなんらか助けてくれるなら、今すぐどうにかしてもらいたいことであふれていると言っても過言ではない時期だからです。そんな中、あなたの困りごとを教えてくださいとアンケートに回答して、結局何も変わらなかったというがっかり感はいかほどか容易に想像できるのではないでしょうか。

子育て世帯を対象にする調査は、結果の迅速さも同時に求められます。わが子の子育てで、こんなことに困っている。「今」これに困っていると回答したのに、その結果を受けて何かが変わるのが「今」ではなく3年後では、わが子の「困った」時期はすっかり終えてしまっています。
どうせ回答しても、自分の子どもに恩恵がなさそうなものへの関心は薄くなってしまうのは仕方がないことです。それを避けるためにも、本来調査結果は、迅速に対策に結びついていかなければならないものなのです。

とはいえ、行政施策を調査結果からすぐに走らせることとは、確かに容易なことではありません。行政の仕組み上、予算化するために議会を通す必要も生じますし、そもそも今までになかった施策の場合、その予算をどこから持ってくるのかを検討する必要もあり、企画部や財政課との調整も必要となります。ですが行政の予算成立の仕組みが煩雑且つ時間がかかることとは理解したとしても、そこであきらめるわけにはいきません。調査対象となった保護者と子どもたちに、その結果が施策として反映されるタイミングで動くためにできることをするしかないのです。調査を展開することと同時に、仮説をきちんと立て、結果として出るであろうものを想定し、必要施策を先に検討するという作業がそれにあたります。

沖縄県の調査では、例えば就学援助に関する質問項目を設定するのであれば、周知徹底がなされていない場合の対応は何か、利用者が低かった場合の対応はどうするか、といった具合に質問項目とその結果と対策をワンセットで考えていきました。さらに、既存の助成金プログラムなどで使えるものがないのかという模索も同時並行的に行いました。子どもの貧困問題に内閣が取り組み始めたところでしたので、新たな支援プログラムとして何が必要なのかという意見聴取の場にも積極的に参加していきました。このように回答者の声を施策にスピード感をもって反映させることに、官民ともになんとかしなくてはならないという意識をもって取り組ませてもらいました。

数字をそのままにしない

調査結果の数字だけを報告書にまとめて終わりにするのではなく、調査結果を社会に対してきちんと公表する、という点にはこだわりました。これは、施策を早く動かすためにもとても必要なことです。

県が責任をもって実施した調査の結果、何が見えたのか、これから何が必要だと考えら

沖縄県子ども調査の概要

2015 年～ 2016 年の調査は、沖縄県教育委員会の協力のもと、沖縄県内の子ども及び子どもを育てる保護者の生活実態を把握することを目的として沖縄県からの業務委託を受け、一般社団法人沖縄県子ども総合研究所が実施。

※ 2017 年は、沖縄県学童・保育支援センター、沖縄大学、沖縄県子ども総合研究所の共同体にて実施した。

<table>
<tr><th>調査年度</th><th>調査対象</th><th>調査手法</th><th>調査内容（概略）</th><th>特徴</th></tr>
<tr><td>2015年
10月～11月</td><td>小学１年
（保護者）
小学５年
（保護者・児童）
中学２年
（保護者・生徒）</td><td>記入式アンケート（学校配布回収）</td><td rowspan="3">世帯構成
世帯経済
将来の展望
現在の暮らし
地域との繋がり
制度の利用状況
保護者就労状況
進学への意識等</td><td>・保護者が子どもたちに大学までの進学を望んでいることが見えた
・就学援助等の認知が低いことがわかった</td></tr>
<tr><td>2016年度</td><td>高校２年
（保護者・生徒）</td><td>記入式アンケート（学校配布回収）</td><td>・高校生の就労経験やその使い道の差異が見えた
・通学交通費の課題が見えた</td></tr>
<tr><td>2017年度</td><td>１歳児
（保護者）
５歳児
（保護者）</td><td>記入式アンケート（郵送配布・施設配布）</td><td>・１歳児母親の就労が全国より高いことが見えた
・小学校入学準備への不安や学童等の情報不足が見えた</td></tr>
</table>

れるのか、課題はどこで、何を世間に知ってもらう必要があるか。調査結果の公表は、記者会見という形を取りましたが、これは今でも継続して毎年調査結果を丁寧に解説する場として設けています。

当初県は、こんな調査の結果をわざわざ記者会見で発表するなんて、なぜですか？と不思議顔でしたが、調査結果の冊子から数字だけを提供したりした場合、まずその数字だけが独り歩きしてしまう危

沖縄県　市町村データを用いた子どもの貧困率の推計*1)

沖縄県下の４１市町村のうち、子どもの貧困率算出に関するデータの提供のあった３５自治体の可処分所得算出用データを使用し、そのうち、すべてのデータが突合可能であった８自治体（サンプルA）を用いて子どもの相対的貧困率（再分配前・後）、18-64歳の大人が１人の世帯の世帯員の貧困率を算出した。結果は以下の通り。

サンプル	A	B（参考）	国（参考）*4
自治体数	8	３５	
世帯数	412,805	555,544	
子ども数	203,591	277,110	
H22国勢調査による沖縄県全体の子ども数に対する割合	約68%	約93%	
子どもの相対的貧困率　*2	29.9%	推計不可	13.9%
18-64歳の大人が１人の世帯の世帯員の貧困率　*2,3	58.9%	推計不可	50.8%
再分配前の子どもの貧困率 *2	32.4%	33.9%	

*1)　本推計は、沖縄県、沖縄県子ども総合研究所の指示を得て、沖縄県下の市町村の協力のもと、阿部彩（首都大学東京　子ども・若者貧困研究センター所長）が推計した。
*2)　厚生労働省「平成25年国民生活基礎調査」による貧困基準を物価調整した値を基準とする
*3) 0-17歳以下の子どもと18-64歳以下の大人１人によって構成される世帯。スライド４参照のこと。
*4) 厚生労働省「平成27年国民生活基礎調査」

険性があることを伝えました。今回の調査では、沖縄県が独自の貧困率を算出していることもあるため、この貧困率の数字だけが独り歩きしてしまうと、この問題をゆがめてとらえる可能性があり、貧困というワードからくる偏見や誤解、レッテル貼りが容易に起こる可能性も大いに考えられました。その対策として、調査結果をきちんと研究者が読み取り、その解説をする場は必須であるという答えにたどり着いたのです。

県内では、その記者発表の内容が県内２紙に大きく取り上げられました。これにも仕掛けを施しました。新聞社ならびにテレビ各局に対して、事前に調査実施の意義と、この調査結果を伝えることの重要性、社会に蔓延している貧困への誤解と偏見、スティグマの払しょくに協力してもらえるよう、話し合いの場を持たせてもらいました。記者やレポーター向けに「子どもの貧困問題」についてや、この報道の意義についての勉強会もしました。新聞社では、県の記者発表よりずっと前から、この問題を読者のみなさんと意識共有するための連載企画を計画してくれたり、発表に向けての県民意識の向上と、注目度をあげることにも全面的に協力してもらいました。

こうしたマスコミの動きが、県の施策展開を急ピッチで加速させるための仕掛けとして、大変大きな役割を果たしてくれたのは言うまでもありません。マスコミで大きく報道されたものは、議会でも大きく取り上げられる可能性が高まるため、行政側もそれに対応できるよう対策を練ることが多いからです。

こうした流れの中でその後、両新聞社が立ち上げた子どものための基金は、今でも県内外からたくさんの寄付が集まり、新入学時の支援金や子どもの居場所活動への活動助成金など県内の子どもたちの支援のために使われ、子どもたちの厳しい暮らしを支えるための一つの支援として今なお活動を続けてくれています。

第2章

沖縄の子どもの貧困

絶句した記者

「不躾なのは承知で聞きますね。沖縄の人って、仕事しないでお酒ばっかり飲んでるって本当ですか？」

沖縄の子どもの貧困問題が大きく取り上げられたことをきっかけに、東京から取材にやってきた新聞記者からの最初の質問でした。

驚きすぎてはっきりとなんて聞かれたのかを思い出せないのですが、こんなニュアンスのことをさらっと聞いてこられました。

沖縄は、南の島特有のおおらかさで、陽気で、のんびりしていて、みんな仕事をあまりしていないんじゃないか。そんなようなイメージがあると、率直に聞いてきたのでしたが、そもそも沖縄の暮らしが厳しいのは、みんなお酒が好きで、仕事をサボっているからじゃないのかという思い込みがそこには少なからずあったのではないかと思います。確かに、そのように思っている人は、それなりにいるのではないでしょうか。データにあたっていないので本当のところはわかりませんが、お酒が好きな方も多いのかもしれません。ですが、たとえ本当にそうだったとしてもみなさん当然働いていないわけではありません。

私はこう答えました。

「関東近郊で、自動車の整備をする車検も通せる年商で10億程度の売り上げがある、従業員10人程度の自動車工場の一級整備士の資格を持った40代の工場長の年収っておいくらくらいですか？」

新聞記者の方は一瞬考えて、

「10人で10億ですか？　あまりその分野に詳しくはないですが、多分いい売り上げですよね。そこの工場長なら、どんなに安くても月に50万円以上はもらっているでしょう。場合によっては１００万円程度もらってもおかしくないんじゃないですか？」

さも当然というように金額を答えた新聞記者さんに、本当にまったく私もそう思いますと同意してから、

「そうですね。私もあまり詳しくないですけれど、そういうイメージを持たれますよね。では、沖縄で同じ規模の工場があったとして、同じ条件で沖縄の工場長のお給料はいくら

だと思います?」

「そんな風に聞くってことは安いんですね。んー、さすがにその規模で工場長で資格も自動車整備士で最上級の一級があるなら、それでもやっぱり一応40万円くらいはいくんじゃないですか。売り上げもあるんだから払えないことはないでしょうし。工場長なのに40万円いかなかったら安すぎますよ、一番上の給料が安いと他の人の給料もさがっていくことになりますしね」

何を言っているんだ、という顔でしたが、でもきっと安いんですよねと、まじめに想像しながら答えてくれました。

「ですよね。そう思いますよね。私の知人で、ほぼ今お話した同条件の工場長さんが実際にいるのですが、彼の給料は、やっと20万円を超えたところです。ついこの前までは、18万円ほどでしたよ」

「は? ええ! なんでそんなことになるんですか」

「私が聞きたいくらいですよ」

「別の工場に移ったほうがいいんじゃないですか？」

「私もそう言ったんですけどね。別の工場でも、30万円には到底届かないそうですよ。いいとこ手取りで25万円くらいかな、と話していました。だったら今のところの方が働きやすいから、転職はしないんですって」

記者さんは絶句していました。

東京のコンビニ求人広告に驚く

今でも沖縄で働こうと思った時に、月に20万円もらえる仕事をみつけたら「いい給料だね」と言われます。

高校を卒業して、とある大手の企業に勤めてもう勤続25年を迎えたという旦那さんの給料が、入社したころから、ほとんど変わっていないという話も聞きました。今も変わらず手取りで20万前後。営業成績もそれなりによく、仕事もまじめにしています。それでも、40歳を超えて、いまだに手取りはその程度というのが、正社員なのにおかしいんじゃないかと思うんだけど、みんなそんなものなのかな、どうなんだろう、という話でした。聞けば全国どこにでもある大手企業です。そこの正社員であるとは到底思えない処遇に奥さんは驚いていました。

沖縄の子どもが東京と沖縄の格差に驚くという話もあります。親戚に不幸があり、子どもたちを連れて東京へ法事に出かけた時のエピソードです。東京に行く機会などほとんどない子どもたちにとって、東京は興味の対象でしかありません。電車に乗っては人の多さに驚き、人の歩く速さに驚き、電車の中でみんなスマートホンをいじっていることにも驚いていました。そんな中、駅前で立ち寄ったコンビニエンスストアの求人広告を見て、中学生の子どもが一言いいました。

「ねえ、このコンビニは沖縄にあるコンビニと一緒だよね?」

「なんで?」

「見て。時給１３００円って書いてある」

「ああ、夜間じゃないの?」

「え、違うよ、昼間のところ。夜は１５００円みたい」

「へー、すごいね、東京」

「なに? 東京のコンビニって沖縄のコンビニと違うものが売られてるの? 高いの?」

「そんなことないでしょう」

「じゃあなんで同じ仕事なのに、沖縄のコンビニの時給の倍ぐらいもらえるの？」

２０１５年当時の沖縄の最低賃金は６９３円でした（２０１８年７６２円）。確かにほぼ倍ぐらいの賃金です。

「なんでか聞いてみたら？」。子どもたちはお店に入っていき、すみませんちょっといいですか？と店員さんを呼び止め、聞き込みをはじめました。

「すみません、私たち沖縄から来たんですけど、ここのコンビニと沖縄の同じコンビニは、売っているものは同じですか？」

「え、多分同じだと思いますよ。沖縄のほうが限定商品とかあるかもしれませんけど」

「おにぎりの値段とか、東京と沖縄だと違うんですか？」

「いや、値段は全国どこも一緒だと思います」

「そうですか。アルバイトの人の時給が１０００円超えているのはどうしてですか？」

「え、えっと…働いてくれる人がなかなか見つからないので、だんだん値段があがってきてるんですよ。これで来なかったらもう少し上がるかもしれないですね」

「え、この金額でもこないんですか」

「そうですね、なかなか難しいですね」

店長さんらしき人に詳しく話を聞き、ありがとうございましたーと店を出てきた子どもたちでしたが、納得できないという表情でした。

「ねえ、私たちの2時間は東京の1時間なの？」

「どう見ても沖縄のコンビニの方がお客さんが多そうだよ」

人口の密集具合と、駅の利用時間によって客足は異なるので実際のところはなんとも言えないことを説明しましたが、それでもこの時給の差に、子どもたちは驚き、考え込んでしまいました。

沖縄は、日本です。コンビニで一般的に売られている商品も、近所のスーパーで売られている商品も東京のそれと変わりません。価格は、ものによっては、大量消費できる東京のほうが安いことの方が多いです。実際、那覇市の生鮮食品は、全国平均のそれよりも高い数値であることが、消費物価指数でも明らかになっています。

さらに、年々続く地価の上昇により、家賃もどんどん上がってきています。

2時間半かけてアルバイト先へ

「お友達のおうちがね、台風でドアが飛んで行っちゃったんだって。新しいドアつけられないから、ビニールシートを玄関につけてるって言ってたよ」

「窓ガラス割れたところに段ボールを貼ってる」

「体操服はおさがりなんだけどサイズが合わない」

「運動靴が高くて、何足も買えない」

いつの時代の話でしょうか。何十年も昔の話ではなく、これが今沖縄で普通に子どもたちが話していたりする普通の世間話なのです。

「子どもの貧困問題に関連して、以前高校生のアルバイトを取材していたことがあるんですが、バイトを夜結構遅くまでまでやっていて、帰るというのでどうやって帰るのか聞いたら、歩くというので、一緒に歩いて帰ったんですよ」

と、ある県内の新聞記者さんが話してくれました。

「アルバイト先と家がだいぶ遠いので、危ないなって思ったのもあるので、取材もかねて一緒に歩いたんですけど…」

その子の家庭はやはり経済的に厳しく、高校の通学にかかる費用や学用品、部活の費用など、自分にかかる費用はできるだけアルバイトでなんとか賄い、将来の進学のためのお金をためるためにもアルバイトをしていたそうです。

「家まで歩いてどれくらいだったと思います？」

高校生がアルバイトにでかけるんですから、そうは言っても30分前後だろうと思いました。

「2時間半ですよ、2時間半。家の周りには高校生が働けるようなバイト先もないし、こっちのほうが学校から通いやすいとか時給がちょっと高いとかいろいろ事情があるみたいなんですけど、毎日2時間半歩いて帰っているって。もうついていったこっちがへとへとだったんですけど。普通の顔して、いつものことだからって言うんですよ」

沖縄は米軍統治下の影響で公共交通が発達していないこともあり車社会です。バスは通っていますが、路線がたくさんあるわけでもなく、使い勝手がいいとは言えません。バス代も距離加算が一般的です。高校に通うための交通費や昼食費、学用品費などを自分で捻出しているという生徒は、高校生調査でも明らかになっていました。

夏の沖縄で外を2時間半歩くと想像しただけで、身体は大丈夫なのだろうかと心配になります。新聞記者さんも、あの子たちのガッツには頭が下がりますと話していましたが、学校生活は楽しめているんだろうか、あんなに働いて、そのあと2時間半歩いて、昼間学校に行って、眠くもなるだろうし、大丈夫なんだろうかと話していました。おうちが裕福だったら、彼はこんなにアルバイトをしていたんだろうか。将来の進学のための貯金をしていたんだろうか。そんな話をしながら、私たちは頭を抱えてしまいました。

別の取材相手だった高校生が、取材を受けながらファミリーレストランで泣いた話も聞かせてくれました。

「どうして友だちの家は親のお金で好きな大学に行かれるのに、私はいけないんですか。やっぱり私が悪いんですか？」

目に涙をいっぱい貯めながら、悩み迷い苦しんだ彼女が心の底から発した言葉でした。その時も今も、その子になんて言ってあげたらよいかわからなかった、何の言葉もかけてあげられなかったと記者さんも目に涙を貯めながら話してくれました。高校生になったら家計を支えることを当然のこととしてとらえて、学校とバイトを両立させてきていた彼女にとって、友人たちとの格差は一体なんなのかと思い悩み、この理不尽さを受け入れることができなかったのでしょう。この苦しみや悲しみ、格差への困惑や無力感は、彼女がひとりで引き受けるべきものなのでしょうか。

沖縄の子どもの貧困が３人に１人という厳しい状況であることに多くの人が驚きました。

私たちは現代に子どもの貧困なんてないと思っていました。みんなが当たり前に普通の暮らしをしているのだと思い込み、私たちの見えていない所で起こっている厳しい実態を見逃してきました。

私ですら、沖縄で暮らしているうちに、無意識で知らぬ間に手取りが20万円を超えたらすごいラッキーという感覚に慣らされていってしまいました。

コンビニで売られているものが一緒なのに、給料がこんなに違うなんておかしいと思うと憤慨していた子どもたちの感覚のほうがずっと健全で正しい感覚ではないでしょうか。売り上げがいくらあっても、工場長の賃金が20万円でよいとされる雇用状況は、いったい誰が間違っていると指摘するのでしょうか。

子どもの貧困問題に取り組んでいて、こうした事実を知った私たち一人ひとりが、子どもたちの純粋な目を曇らせないよう、声をあげるときなのではないかと、そう思わずにはいられません。厳しい暮らしを知るということは、これからを明るく見直していくための一歩を踏み出すことにつながります。ここで私たちの社会がどう変わっていくのか、今大きな岐路に立たされているのです。

常識を疑う

自分の常識は、自分の暮らしのレベルに近い人たちだけに通用する自分の周囲の状況で構築された狭い世界でのみの常識である、という認識を持ってもらうことと同時に、自分の今までの常識が通用しない暮らしの人々がいることを知ってもらうことは、何かを変えていく上ではとても大切なプロセスだと考えています。

憲法に保障されている「健康で文化的な最低限度の生活」はすべてに等しく本当に保障されているのか？なんてことを考えながら暮らしている人なんて、よほど福祉に関心がある人以外にはいないでしょう。

先進国の子どもの貧困は、目に見えない貧困だと言われます。一般的に当たり前のことが当たり前にできない状況であると定義づけられていても、「当たり前」の判断が人それぞれ違うため、子どもの貧困というものの印象が人によってまちまちになってしまうのです。それぞれが個人個人のイメージだけで子どもの貧困や、厳しい暮らしを想像してしまうと、親の怠慢ではないか、仕事をしていないのではないか、贅沢をしているのではないかと自己責任論に転じかねません。

沖縄県の子ども調査では、沖縄の暮らしのリアルを自分たちの目で見て、確かめ、感じ、考えていくことが何より必要だと訴え続けました。あたりまえの暮らしができない人たちがここに実際に暮らしている現実を、調査結果で裏付けされた真実としてきちんと明らかにしなければ、本当の姿は見えてきません。

自分の暮らしが平均的であれば、その暮らしぶりが当たり前になっているのは当然です。ですが、そうでない人たちが、どこかにいるのです。当たり前に3食の食事が食べられない人。当たり前にランドセルを購入できない人。当たり前に学用品を買いそろえられない人。当たり前に子どもと遊んだり、何かを体験したりすることができない人。当たり前に行政のサービスの利用ができない人。そういう人たちが必ずいるのです。

見えた暮らし

これは私自身が沖縄で暮らし、諸事情により、ひとり親世帯として子どもを5人育てることになり、その厳しさを自分の生活で実感したからこそ強く訴えることができたところだったのかもしれません。

沖縄に来る前から私自身はフリーライターとして生計を立てていました。しかしここ沖縄では、フリーライターの執筆単価も関東のそれの半分以下、ものによっては10分の１以下で、暮らしがどんどん不安定になりました。沖縄に親族がいるわけではないので、子どもの面倒を見てくれる人もおらず、泊りがけで取材に行くこともできなくなり、夜遅くまで仕事ができなくなり収入は激減しました。

子ども５人を育てていくには当然かなりのお金がかかるわけで、それをまかなえるような就職先がすぐあるかというと当然そんなものはありません。沖縄では20万円を超えると、良い給料だと言われる状況です。１人で満足に当たり前の子育てをするだけの収入がもらえる仕事なんて、どこにもありませんでした。「とりあえず知り合いの事務所で働いてみたら？　時給７５０円だよ！」

などと声をかけてもらうこともたくさんありましたが、時給７５０円では、子どもを５人を満足に育てるだけの収入には遠く及びません。実際にはあまりありませんがたとえ時給が１０００円だったとしてもフルタイムで働いて、月収で約16万円にしかなりません。東京に戻って仕事をすればいいだけじゃないかと、もともとの取引先の方々には散々言われました。東京にいくだけで状況が簡単に好転するのであれば、これはもう沖縄に暮らすことだけでもたらされた弊害でしかないわけです。これを仕方がないと言っていいはずがありません。

そんな暮らしをしているうちに沖縄の貧困問題は、私の家庭の貧困が解決したら解決するんじゃないかとまで言われるようになったのでした。

私たちはいかに自分がこれまで育った環境が当たり前で普通のものと思い込んでいて、そこに時代背景や家庭の経済事情、協力を仰げる地縁血縁、親戚の有無などが含まれていたことに気付かずに過ごしていたということを、今まで通りにいかなくなった時にようやく思い知らされるのです。

体験経験がない子どもたち

先進国の子どもの貧困は、基本目に見えません。それは保護者の涙ぐましい努力の結果ともいえるでしょう。せめて子どもたちが他と違う目でみられないようにと、自分の衣類は後回しにしたとしても子どもたちの衣類は新しいものを購入したり、子どもたちの流行の文具を購入できるようにと保護者たちが様々な場面で子どもたちに影響が出ないよう配慮したりしているのです。

パッと見てこの子は貧困だとわかるような子がそこかしこにいるわけではないので、沖縄県が全国的に比べて約2倍にのぼる子どもの貧困率だったとしても、3人に1人、見えるところに厳しい子どもたちが集まっているわけではありません。

ですが、沖縄県の子どもたちの生活実態は、想像した以上に厳しいものです。

年に一度の家族旅行の経験も、美術館などの文化施設の利用も、全国のそれよりも著しく低いことが沖縄県の調査でわかっています。

体験経験の欠落は、子どもたちの未来の可能性を狭めるとも言われています。経済的な事情に加え、交通事情も豊かではない沖縄県だからそのような体験経験欠落があるとも言えなくもないですが、だからといってこの状況を「仕方がない」と放置していてよいわけではありません。

こうした体験経験欠落の背景に、保護者の就労の問題もあります。2017年の乳幼児調査では、沖縄県の1歳児の母親の約75%が就労をしていることが明らかになりました。これは、全国の1~2歳児の母親の就労割合（54%）より高い数字でした。

父親の長時間労働についても、この調査で、全国の父親よりも長時間労働の従事者が多いことがわかっています。両親ともに働いているにも関わらず、厳しい経済状況であることが明らかになっているのです。保護者の長時間労働はそのまま子どもと過ごす時間に跳ね返りますし、休みの少なさなどは体験経験に費やす時間を持てないこととつながってきます。

沖縄県内に住んでいて、誰しもが一度は行ったことがあるだろうと思う、美ら海水族館にすら、一度も行ったことがないと話す子どもも結構いました。

こうした体験経験の不足を補うために、子どもの居場所のイベントなどで、みんなで映画に行ったり、キャンプを体験したり、星空を見にでかけたり、飛行機に乗車させてもらう（旅行に行くのではなく、空港で飛行機内に乗車できるイベントへの参加です）などの体験活動に取り組んでいるところも増えています。

こうした取り組みには行政の支援がないことがほとんどなので、子ども食堂などの運営側が工夫してイベントを企画したり、民間や企業の寄付によって支えられているのが実情です。

家庭でこうした体験を享受する時間や余裕がないことが明確に調査で分かってきている

中で、どうしたらすべての子どもたちが、様々な文化体験活動に触れることができるようになるのかを考える必要があるでしょう。民間の工夫に頼りきりでなく、継続していける具体的な支援策が必要になってきています。

基地と子どもたちの暮らし

「沖縄の公立小学校の敷地の中に、公立の幼稚園があるって本当ですか?」

そう言って驚かれる方はとても多いです。沖縄県は、戦後長いこと米軍の統治下におかれました。その際の沖縄県は、アメリカの領土ですから、そこでの暮らしは当然アメリカのルールで動いていたのです。その一つが、アメリカではプレスクールとしての位置づけとなる幼稚園の小学校敷地への併設でした。

日本の小学校にプレスクールの制度はありませんから、アメリカ政府からの指示で、沖縄県内の公立小学校の中に5歳児が1年だけ通う幼稚園が設置されていったのです。その名残が今もそのまま残っています。保育所を4歳で卒園し5歳の1年だけを小学校併設の公立幼稚園に通うのが、少し前までの沖縄のスタンダードでした。

子ども子育ての制度が変わり、今では、複年保育を導入している幼稚園や５歳児まで保育ができる保育所も増えていますが、基本的には米軍統治下のころの文化風習がいまだ残り、沖縄県の５歳児の約８割が公立の幼稚園に通っているというデータもあります。

幼稚園は基本４～６時間の保育時間が主となりますので、保育を必要とする子どもたちの午後の保育は預り保育という別の制度を利用することになります。本来であれば、５歳児も保育所に入所し、必要とする保育を保育料のみで賄えるところですが、沖縄県は幼稚園に入りなおすことで、幼稚園の利用料に預かり保育の利用料分の費用負担が発生してしまうのです。この費用負担を理由に、慣習だからと幼稚園には入園させるけれども、預り保育が受けられないため、この1年間だけは仕事ができなくなってしまう保護者もいました。

２０１９年10月より幼児教育・保育無償化の新たな政策が導入されることになり、まず手始めに３歳から5歳の保育料と幼児教育にかかる費用が無償となることになりました。

この制度では保育所に通っている児童の保育料と、幼稚園の基本時間と預かり保育時間の両方の費用が無償になることになり、ようやく米軍統治下の影響で起こっていた費用負担のねじれと混乱に解決のめどが立ったのです。

全国と異なる学童保育の成り立ち

小学校に入学してから共働き世帯であればお世話になる学童保育も、沖縄県ではその成り立ちは異なります。

前述したとおり、米軍統治下のもとでプレスクールとして5歳児が小学校併設の公立幼稚園へ入園する文化が一般的となっていた沖縄県では、幼稚園の標準的な保育時間を終えた後の午後の保育場所の確保は働く保護者にとっては死活問題でした。

公的な支援は日本の法律が制定されていないため当然適用できません。ですが子どもたちのための仕組みは必要です。全国では、小学校に入学してから利用する学童保育ですが、沖縄県ではまず先に、この5歳児の午後の預かりを実施する場所として学童保育が立ち上がったのです。沖縄で最初の学童保育の立ち上げに尽力したのは、必要に駆られた保護者たちでした。全国的には主に公的機関が担っている学童保育ですが、沖縄県ではこの5歳児の問題からはじまり、今でも民間の学童施設がその大半を占めています。

　また特徴として学童保育に通うために学校と施設との送り迎えには車を利用しています。学校や幼稚園などの施設から離れた場所でも通える仕組みが最初の学童立ち上げのころから主流となっているのです。それは今でも継続されていて、学校に学童施設からの送迎バスが迎えに来るシステムは継続しています。

　ですがこの仕組みは、そのまま利用料に跳ね返ります。公的な支援などはなく、民間で立ちあがった学童施設ですから、送迎の利用料を含むその運営費はすべて保護者からの利用料で賄うしかありません。

　現在、公的な学童保育施設であれば平均的な月の利用料は５０００円から６０００円程度が主ですが、ここ沖縄県の学童保育の利用料は月に１万３０００円前後であることが普通で全国の利用料よりもかなり高くなっています。そこには前述した学童施設への送迎費用や、職員の人件費、地代家賃などすべての運営費が入っています。民間が安定的な運営を行うためには、それなりの費用がかかってしまうため、その分保護者が支払う保育料は高額にならざるを得ないのです。この利用料負担は経済的に厳しい世帯には大打撃となります。

一般的には子どもが1年生に上がる時に保護者の就労スタイルに大きな変化がないことが普通です。であれば、保育所を利用していた子どものほとんどが、新1年生になっても保育を必要とする子どもたちになります。

沖縄県の約8割の世帯が共働きだと言われていますので、そのほとんどの子どもは就学前は保育所に通っています。本来であれば、同じだけの割合の子どもが、学童施設を利用しなくてはならない状況のはずですが、民間学童が主流の沖縄県では、その利用料等をネックに、学童保育施設の利用割合は、1年生全体の約3割ほどにとどまってしまっています。1年前まで保育を必要としていた子どもたちが、経済的なことを理由に放課後に安心して過ごす場所を用意できずにいるのが現状とみて間違いないでしょう。

保護者の負担を減らし、必要としている人に利用してもらうために保育料を下げてしまえば利用者が増えることは間違いありませんが、そうしてしまうと民間の学童施設は安定的な経営を続けることができなくなってしまいます。公的な学童保育が増えるべきですが、現状ではまだまだ足りていない状況です。

米軍統治下にあったがゆえ、子どもたちの暮らしの状況が全国と異なる歴史を歩み、それが復帰後46年たった今現在でも、課題として様々な形で積み残されているのです。

第3章

教育現場の葛藤

現場に出てわかること

沖縄県教職員組合のみなさんや、退職教員のみなさん、現役教員のみなさんなど、学校教育に関わる方々との交流は私の欠かせないライフワークの一つです。学校現場の実態と本音をきちんと聞き取ることで、私が個人的に感じている学校現場の違和感の原因となっているものが何かを聞き取り検証することができるからです。

私自身の子どもが3名同時に小学校に在籍していた時にはＰＴＡの役員も引き受け、できるだけ小学校に出入りするようにもしていました。実際に現場に出てみなければわからないことがたくさんあり、大変勉強になりました。

全国統一学力テスト結果報道への疑問

沖縄県の全国統一学力テストは、過去長い間全国最下位でした。毎年全国統一学力テストの結果が出るたびに大きな見出しで県内新聞の一面を学力テスト全国最下位の記事が飾ります。

学力テストの順位が一面トップ記事になること自体にまず驚いたのですが、全国統一学力テストの結果がこんなにみんなに注目されているというのはなんで？　いったい誰がこれに関心を持っているの？という素朴な疑問がわいてきました。

次に、あまりに大きな取り上げ方に、こんな見出しの新聞記事を見た子どもたちはどう感じるんだろう、という子ども側の視点に立った時に起こりうる事態を考えました。

自分たちが受けたテストが、全国最下位だという新聞を目にした時の子どもたちの気持ちが「何くそ」と奮起に向くのか、がっかりするのか、そういった視点は誰か持っているのだろうかという点。もう一つ言うと、そもそもこのテストは全国で順位を競うものではなく、子どもたちそれぞれの学習到達速度を確認するものではなかったでしょうか。さらに言ってしまうと、全国順位の正式発表は目にしたことがなかったので、どうやって順位付けをしているんだろう？という基本的な疑問がわいてきました。学力テストの全国順位は文科省では出していません。調べてみると、２０１４年までは県教育委員会が独自試算をして明らかにしていました。

仮に全国最下位が真実であったとして、毎年これほどの大見出しで沖縄の小中学校学力テスト全教科全国最下位などという不名誉な記事が、子どもにどんな影響を及ぼすのか誰も気にならないのでしょうか。

また、この記事をきっかけに現場の先生方は、また責められ、責任を追及され、より管理教育に舵を切ることになるんではないかという不安が沸き上がり、はじめてこの記事を眺めた時にはため息しかでませんでした。

知り合いの新聞記者に、なぜ順位を掲載しているのかを尋ねると、

「毎年載せているので」

とのことでした。

「誰向けですか？」

という問いに、

「みなさん知りたがりますので」

と言われましたが、私の中にはクエスチョンしか残りませんでした。

そもそも全国統一学力テストは、だいたい毎年約20点満点のテストです（年によって22点満点だったり、23点満点となっており、基本1問1点で計算するルールとなっています）。

これをわざわざ１００点満点に換算しなおして、全国順位を出しているとのことでした。

これは20点満点に戻した場合、都道府県の実際の点数格差はほぼないはずです。実際に

確認したところ、なんとまさにその通りであり、順位の点数差はあえて１００点満点に換算しなおした後の小数点以下の攻防でした。この計算方法だと、対象児童生徒の約10％が1問正当できただけで、なんと順位は一気に平均以上にまであがることもわかりました。

こんな順位づけにいったい何の意味があるのでしょう。

私はこの順位報道は、子どもたちの学習意欲を奪う行為でしかなく、教育現場にとっても、子どもたちのためにも何もメリットがないことを理由に順位を記事にすることに抗議しました。はじめに抗議した際には、順位を期待している読者もいるのでやめるのは難しいと言われました。その後、各方面から順位付け報道に意見が出され、２０１６年以降は報道によるさまざまな弊害が起こることを理由に現在では順位報道を行わないと「沖縄タイムス」は判断し、現在も順位報道は行っていません。一方で「琉球新報」では、現場を見てきた担当者ベースでは、順位報道の弊害を感じて掲載すべきじゃないという主張をしたものの、社としては順位報道を必要としている人がいるからという理由で今現在も順位報道を継続しています。

報道の流れはこのようになっていましたが、その間に県内では学力テスト対策が強化されました。教育委員会からは、学校で学力テスト対策としてどのような取り組みをしたかというアンケートが実施され、それに呼応するように現場では、過去問題を放課後集中的に実施することから始まり、学力テスト対策の授業まで行われるようになっていきました。保護者には、学力テスト対策の補習を実施するので、テスト前の一定期間、帰宅がかなり遅くなるという手紙が配布されたりもしました。

文科省の「確かな学力」とは?

今から数年前のある日のこと。本来であれば学力テスト対策の補習で夕方遅い時間に帰ってくるはずの5年生の児童が、その日は早い時間に帰宅してきました。

「お帰り。帰ってくるのが早いんじゃない?」と声をかけると、

「もう毎日毎日、過去問題を何度もやらされて嫌になる。挙句の果てにさ、自分の答えが、2、2、2みたいに同じ数字になったら、今まで同じ数字が答えになったことはないから多分間違ってるとか、どうしてもわからなくて空欄にするぐらいなら、どれか適当に数字を書いておけとか、馬鹿みたいだからもう帰ってきた」

とあきれ顔で話していたとのことでした。

その子は、先生にもそのままのことを言って帰ってきたそうです。この取り組みをおかしいと気づいたとしても、学校が決めたことだからと抵抗なく従う子どもたちがその他にもいたのではないでしょうか。

どうしてわからないのかをじっくりと指導するのではなく、テスト対策としての回答欄の埋め方を習う補修にいったい何の意味があるのでしょう。しかし、実際の学力テストでは、この取り組みの成果があったのか、この年の沖縄県は小学校・中学校ともに最下位から見事、脱出を果たしました。

当然その結果は大きく新聞一面で取り上げられていました。全国最下位に憂いていた大人たちは歓喜していました。そしていつの間にか、小学校でも中学校でも「わが校の学力テストは全国平均を上回っています」ということが学校の一定の評価基準となり、こうした学力テスト対策は当たり前の季節の行事のように今も根付いています。一部の教員の中には、テスト対策は確かな学力に反すると、問題視している方もいますが、全国統一学力テスト前のテスト対策は、今も当たり前のカリキュラムのように組み込まれているのが実態です。

文科省が推奨する「確かな学力」とはいったいどういうものを指すのでしょうか。いつの間にか点数を競いあい、子どもの到達度を測るはずのものから学校ステータスを見せ合うものになってしまったこの学力テストに、どれほどの意味があるのでしょうか。

学力テストのために支援学級が増えた?

沖縄県では子どもの貧困対策としても、この学力テストが指標として打ち出されました。県の学力テストの平均点を全国平均以上にするというものです。

こうなってしまうと、そもそも学力テストがなんのためのものだったのか、などの根本理論はどこかへ追いやられてしまいます。テストの点数を貧困対策としたことで、平均点以上を取るために学校側もより補習を強化したり、通常の授業で学力が明らかに低い子どもたちを、通級クラスに移したりするようなケースも出てきました。

ある時、小学校3年生のお子さんを持つ保護者から、相談があると声をかけられました。

「うちの子、勉強もあまり得意じゃないし、集団行動も苦手なんだけれど、先生から、来年から普通クラスじゃなくて、特別支援クラスに移らないかって言われたの。突然すぎてもうショックでどうしたらいいかわからなくて」

という内容でした。

聞けば、ある日突然担任の先生から電話が入り、折り入ってお子さんのことで相談があるので学校に来てもらいたいと連絡がきたとのこと。先生曰く、お子さんはこれまでも先生の言うことが一度ですっと入るのは難しく、勉強も遅れがちで心配だから、次年度から支援学級にうつるか、通級指導を受けてみないか、という話だったそうです。

「早いうちに支援を受けたほうが、こういう子の場合は伸びるからと先生に言われたんだけど、確かにうちの子、算数とか苦手だけど、去年も時間がかかったけどちゃんと掛算九九もできるようになって、友だちとも、たくさんじゃないけれど、仲良しのお友達もできて楽しく学校に行っていたのに…。今まで発達の問題とか指摘されたこともなかったし、どうしたらいいのかもうわからない」

とお母さんは涙を流していました。

この背景に、学力テスト問題があるのではないかという疑念の声もあがってきています。支援学級に通うことで、当該児童が自分の学年以外の復習などをするケースも出てくることは一般的です。指導内容が多学年分にわたる生徒は、学力テストを受けなくても良いケースに該当するという通達があるため、学力テストの平均点対策の一つとして、学力に問題がある児童生徒を通級に移したケースが出てきているのではないかと邪推してしまいます。

実際にここ数年で沖縄県の特別支援クラスは劇的に増加しました。交流している教職員の先生方からも、学力対策の強化時期から、学力が低迷している子の通級クラスへの移行の話は増えているという声も聞こえてきていました。

今では、児童規模７００名ほどの学校では支援学級が10クラスを超えていますし、学年学級数が２クラスという規模の小学校でも、支援学級が10クラスあるという学校もあります。

相談があったお子さんを支援学級に入れたほうがいいのではないかと学校から打診されたケースでは、その後しかるべき病院で発達の診断を受けましたが、診断結果としては問題はありませんでした。お母さんは困り顔で診断書を見せてくれたのですが、その診断書に書かれていたのは、「ＡＤＨＤの傾向はみられるものの、軽度であり診断をつけられる程度ではない。学校側がなんらかの特別な指導を要すると判断する場合、そのような対応をしてもよい」というような大変あいまいなものでした。

「もう、どう判断していいのかわからないです。学校は支援が必要だと言い張っているし、病院では特別になにか必要なんですか？と尋ねられるし、家では普通に過ごしているので、問題があると言っているのは学校だけだと思うけれど、学校がそういうなら、仕方ないのかと思ったり…。でも、３年生まで普通にみんなと過ごしていたのに、突然通級クラスに移ったら、お友達との関係とか大丈夫なのかとか不安で不安で…」

お母さんの心配はもっともです。これまでもこうした心配な点や問題があるようなことを学校側が随時伝えていたらまた違ったのかもしれませんが、家庭訪問でも、個人面談でもそのような話は出てきたことがなく、本当に突然の話に戸惑い、どうしていいのかわからない様子でした。

私はお子さん本人の気持ちも聞いた方がいいことを伝えました。

お子さんは、

「何言ってんの？　友だちと一緒に普通に4年になるし」

と話していたそうで、

「であれば今まで問題なくやれていたのですし、学校の先生が心配して下さる気持ちはわかるけれどこれからもこれまで通りお友達と普通クラスでやっていきたいと伝えて大丈夫ですよ」

と話すと、お母さんは、

「そう話してみます」

と少し安心して帰られました。

後日、何度も何度も先生から、

「次年度から支援学級になるならば、もう申請しないと間に合わないから、診断書を出してくれ」

と言われ、病院のあいまいな診断書を提出したところ、

「これはやはり支援学級がふさわしいと学校が判断しました」

と言われ、

「4年生からは支援学級に在籍することになりました」

と報告がありました。

学校側がどうして突然そんなに躍起になって進めてきたのかいまだにわかりませんが、お子さんもお母さんも望んでいなかった結果となってしまいました。

このような話は、学力テスト対策が強化されてから、あちらこちらで耳にした話でした。

子どもの貧困と学力問題

最終学歴が高い人ほど、経済的に安定しているという調査結果は沖縄県の子ども調査でも実際に出ています。

2017年の沖縄県乳幼児調査5歳児の父親の最終学歴では、経済的に厳しい低所得I層の52%が中学校卒・高校卒ですが、大学卒・大学院卒では、その割合は約10%程度となっていました。

こうした結果を見て、高学歴であれば困窮状況から抜ける可能性が断然高くなるという評価は一定の理があります。

沖縄県の子どもの貧困対策計画でも、大学進学率をあげるような独自の給付型奨学金などの対策も打たれました。また、前述しましたが子どもの貧困対策の中で、学力テストの点数を全国平均以上にあげるという数値目標も含まれました。

高学歴であれば、就職の幅も広がり、困窮から脱することができるというのは、一見その通りに見えますが、実際はどうでしょうか。子どもたちの親の世代の頃にそうだったとしても、今の子どもたちが大きくなっていった先までもそうだと言い切れることはできないのではないでしょうか。

沖縄県の調査で、大卒のほうが困窮世帯の割合が低いのは明確に出ましたが、それでも困窮世帯のうち、約10％は大学卒・大学院卒の方々です。そうは言っても大方困窮に転じないのだから、やはり大学には行くべきだという理論だけを対策として講じることは、果たして正しいのでしょうか。そもそも、高学歴であれば安定した仕事につけるというのは、保護者の時代から変わった今でもまだ通用する理論なのかどうかの議論が一切ないまま、とりあえず高学歴であるべきだという結論を出すのは乱暴な話です。どのような学歴だったとしても、現代社会において困窮に陥る人たちへの状況に応じた対策を丁寧に講じていかなければ貧困問題の解決はなされないからです。

高学歴こそ貧困対策だという風潮に警鐘を鳴らす理由の一つに、ドクター貧困の問題があります。大学にいって専門領域を学び博士号をとったとしても、その後の研究費用もなく、非常勤として大学に残りながら安い賃金で働いている方も大変多いと耳にします。大学卒であってもかなりの人たちが、困窮に転じているという記事も目にします。これからの時代、大学卒だから就職先が有利だということが保障されているとは限りません。

学力向上こそが子どもの貧困問題改善の第一とするのであれば、学力の無い人は貧困でも仕方がないということにもなりかねません。学力向上対策こそが子どもの貧困問題解決だと、さも当たり前のように言う大人たちは、なかなか平均点が取れない子どもたちや、さまざまな事情で学習がままならない子どもたちは仕方がない、と宣言しているようなものではないでしょうか。

当然貧困問題への対策は学力だけに限りませんので、そこまで極端に問題視することはないだろうし、学力が付くことは良いことでしょう？という意見も当然出てきます。

ですが例えば今現在、高卒や中卒だったとしても安心して暮らしていくための対策が同時に進行しているでしょうか。この部分の対策が用意されていない限り、学力向上での貧困対策は、一部の平均的学力を享受できる人だけの対策にしかなっておらず、誰一人も取りこぼさないというものから遠いものになります。更に言うと何らかの支援施策で大学進学までを面倒見たとしても、その後の就職は本人の問題であり、これについても問題の先送りにほかなりません。

ここで改めて私たちはもっと真摯に「誰一人として取りこぼさない」という視点で本気で、教育現場でできる対策、すべき支援を考えていかなくてはならないのです。

管理教育が変わる時

数年前のとある日の朝のことです。本島南部の中学校の校門前に、竹刀を持った先生が仁王立ちして怒声を挙げていました。

「お前ら遅刻だぞ!! 走ってこい！」

昭和の話ではありません。沖縄の普通の中学校での最近の話です。8時がタイムリミットのようでした。校門を閉めるぞと声を上げている先生と重そうなリュックサックを揺らしながら必死に走る生徒たち。

少し前までは全国どこでも当たり前の光景だったようにも思います。遅刻を無くしたいという思いからの指導の一環なのでしょう。実際私が子どものころ、私の中学校でも同じように生徒指導の先生が校門に立って目を光らせていた記憶があります。ですが、このような指導も、校門に挟まれて生徒が亡くなった事故をきっかけに、全国的に指導方法が見直されたと思っていましたので、この光景には正直大変驚きました。

あまりに驚きすぎて思わず、車を校門前に止めて、

「おはようございます。先生はどうして竹刀をお持ちなんですか？」

と聞いてしまいました。

まさか突然そのようなことを聞かれると思っていなかったのでしょう。きょとんとした生徒指導担当であろう先生は、竹刀を後ろ手に持ち直し、

「いえ、特に意味はありませんよ」

とにこやかにお答えになられていました。

「……」

思わず沈黙する私に、先生は、

「ご苦労様です。いってらっしゃい」

と声をかけてこられ、あからさまに早くいなくなってくれたらという態度をなさっていましたが、慌てている様子に、ご自身も竹刀を威嚇に使っているという認識があるんだろうな、と感じとりました。遅刻を防止するために、竹刀を持つ必要がどうしてあるのでしょうか。そもそもこれが日常的に行われているとするならば、誰もこの行為をおかしいと伝えなかったのでしょうか。

別の中学校では、どうしても既定の制服を着てこない生徒を、校門の中に入れないという指導を職員会議で可決したという話がありました。指導しても改善しないのだから学校に入る権利がないというのが学校側の言い分です。

これに対し保護者が、制服をきちんと着用していないことは確かに問題だけれど、学校に入れないというのはおかしいのではないかと抗議したところ、だったら普通服をきちんと着用させればよいではないかとの回答一辺倒で、交渉の余地すらなかったそうです。子どもが制服を違反しているのは認識しているが、だからと言って学校に入れないというのはおかしいのではないかとこちらに相談が寄せられました。

この問題について学校側に対し、生徒指導の義務教育違反だ、と明確に答えられる大人はどれほどいるでしょうか。

私たちは無意識的に、権利は義務の上に成り立っていると思ってはいないでしょうか。権利と義務は全く別のものです。この国の子どもたちは、学校教育基本法に定められている通り、みんな等しく教育を受ける権利を擁しています。義務を果たさないくせに権利が守られるわけがないでしょうという声があちらこちらから聞こえてくる気がしますが、言い換えてみましょう。

子どもたちが持っている教育を受ける権利というものは、何かルールを守らなかった場合に奪われていいものなのでしょうか。髪の毛が茶色かったら義務教育は受けられないものなのでしょうか。制服の裏地が赤かったりスカート丈が短かったり、男子の髪の毛が規定より長かったら、義務教育は本当に受けられないのでしょうか。

無意識的に義務の上に権利が成り立つと思っていると、こうして大きな間違いが起こるのです。

この問題は沖縄だけの問題ではないのでしょうが、生徒指導の名のもとに頭髪問題、制服問題、遅刻問題などの指導の中、子どもたちが学校現場から排除されていて、実際に校門を通れない「直してから出直して来い」という対応事例はこちらでは枚挙にいとまがありません。
卒業式に参加できなかった話は新聞記事にもなりました。社会に出たらそんな甘い考えじゃやっていけないから、厳しく指導しなければ子どもたちはわからない、と先生方がおっしゃっていたと聞きました。それは本当でしょうか。時代は変わり、町を歩けばおしゃれに髪を染めた人がそこかしこに普通に歩いています。教職員の先生方の中にも、髪を染めている方もおられます。その方たちはみんな社会に対して甘い考えで世の中をなめているのでしょうか。

ルールで子どもを縛らなくては、指導や教育ができないという視点はいったいどこからきているのでしょうか。

子どもたちがルールを守らない背景にいったい何があるのかまで、きちんと思いを馳せることができる教育現場はどれほどあるのでしょうか。
不登校の支援をしている中で、3年ほど前にとある学校の校長先生と不登校問題について話し合う機会を得ました。

「あなたは、『子どもの権利』などについての講義をなさっていると聞きました。僕にいわせればね、子どもに権利なんて与えたらだめなんですよ。子どもが生意気になるでしょう」

そうおっしゃった顔を今でも覚えています。

「校長先生、『子どもの権利』は与えるものではなくて、そもそも子どもが持っているものですよ」

そう話すと、校長先生は顔を赤くなさってあからさまに怒った様子で声を荒げてこう答えました。

「それはね、現場を知らないからですよ。僕らはね、３年間きちんと子どもたちの将来のために教育的指導を責任をもってやらなくちゃならないんです。子どもに権利なんて与えたら、管理統率ができなくなるでしょう！　そんなもの広められたらこっちは困るんですよ」

一瞬返す言葉に詰まってしまいました。

教育現場の管理統括者の校長先生が、子どもに権利を与えたら、管理統率ができなくなるから、そんなもの教えられたら困るんですと、さも当たり前のことのように語られるのです。

このような考えの学校で、子どもたちが生き生きと自分の存在を認めながら成長していけるとは到底思えません。

校長先生は管理者として、子どもたちに問題なく3年間を過ごしてもらいたい、それは子どもたちのためだという考えをお持ちだろうと思います。はじめは子どもたちのことを思ってだったのだろうと推察します。長い間学校現場にいれば、問題を起こす生徒もそれなりの数いたでしょう。それは時に警察沙汰になってしまったり、誰かにけがをさせてしまったり、いじめによって不登校の問題が生じたり、さまざまな問題が起こったのだと思います。

校長先生の言う「3年間きちんと責任を持つ」という教育理念は、いつしか「問題を起こさないこと」の方に意識がいってしまったのでしょう。

「なぜ問題が起こるのか」

「背景になにがあるのか」

「子どもの心は守られているか」

「困難をかかえていないか」

「学校が子どもにとっての居場所になっているか」

という視点よりも、

「問題を起こさない」

ことが目的になってしまい、見るべきところを誤ってしまったのだと思います。ですがこれは、学校で何か問題が起こった際に、私たち社会が学校の責任者を攻撃的に批判してきたことの結果でもあります。私たちは教育現場や子どもたちの実態をさておいて何か問題が起きた際に教育者がちゃんとすべきだと通り一遍の批判をしてきたように思います。その結果、批判を恐れるだけでなく「問題を起こさないこと」に重きが置かれるようになってしまったのだと思います。私たちも教育者と共に子どもたちの実態を知り、寄り添っていく社会を造らなくては教育現場の根本的改善はできないのではないでしょうか。

子どものはじめての社会

私は子どもの育ちと自立の課程を、安全地帯の広がりに例えて説明しています。最初の安全地帯は、お母さんのそば。次に家族。そして家族から離れて自分だけで社会を構築する第一歩が、保育所や幼稚園。小学生になり、いよいよはじめて自分の足で自分の居場所を本当の意味で一人で作っていきます。

学校での生活は、子どもたち一人ひとりが、自分の頭で考え、コミュニケーションを取りながら、自分の社会としてつくりあげていくものです。

この国では、義務教育の制度が徹底されているため、その年齢になれば、地域に住むすべての子どもたちが、自動的に地域の小学校に入学できるようになっています。子どもが安心して自分の社会（安全地帯）を広げていける仕組みができているのです。

学校の役割の一つは、子どもが自ら作り上げていく社会のステージを広げることです。今や学校は学び＝学力に力が注がれてしまっていますが、学力をつけることに関しては、能力差や個人差が出てしまい、すべての子どもたちに同じ学力をつけることは正直できません。ですが、すべての子どもたちが、自分がこれから出ていく社会を広げていくためのステージとして学校をとらえることは今すぐにでもできます。子どもは、学校での毎日の体験や経験、友人との関係などを積み重ねていくことで社会構築の基礎を学びます。自分で作る自分のための安心の居場所が学校になることがとても大切なのです。

これほど重要な学校がそこにある意味を置き去りにしてしまっては元も子もありません。家が安全地帯ではなかった子にとっても、自分の足で、自分の名前で所属し、通うことのできる学校は、やはり子どものための社会を広げる、安全地帯を広げる大切なステージとなります。

今の学校は果たしてそのような状況にあるでしょうか。

前述した竹刀を校門前で持っていた教員のいる中学校では、その後、教員に反抗的な態度を取ったいわゆる問題児といわれる女子生徒に対し、規則を守れなかった罰として、竹刀で太ももの裏側をたたき、反省しろと〝ひざまずき〟をさせ（沖縄では正座することを〝ひざまずき〟といいます）その際に膝の屈折部分に竹刀を挟んで1時間座り続けさせました。

座らされる前に叩かれたことが原因だったのか、その後のひざまずきの際に竹刀を挟んだことが原因だったのか、彼女は太もも裏に筋肉断裂を起こし、1時間のひざまずきの後、立ちあがることができませんでした。

実際にこの子はきれいな茶髪で確かに見た目からは一般的には不良やヤンキーと呼ばれる種類の生徒さんではありました。しかし不良やヤンキーだからと言って、反省を促し生活態度を改めるために、こうした体罰的指導が必要だという理論は全く成り立ちません。

その後さらにこの件はひどいことになります。

保護者が経済的に厳しい状況なので学校側に対し、

「うちの子が悪かったのはわかっているけれどせめて医者にかかる費用を学校の保険適用で持ってほしい」

と訴えたのですが、それに対して学校は、今回の件は放課後のできことで学校外の話なので、保険適用をすることはできないと回答したのです。保護者は、自分の子どもが言うことを聞かなかったからこうなった、仕方がないと、学校傷病の保険手続きをあきらめると話していました。周囲の大人は、そんなのおかしいと説得を試みましたが、そもそも怒られるような生活態度であった子どもが悪いと思っている保護者は、それ以上学校に何かを訴えることをあきらめてしまったのでした。

子どものことを学校に対して謙虚に控えめに伝えることはままあるでしょう。素行が悪ければより下手に出ることもあると容易に想像ができます。そうした保護者の言葉をそのまま言葉通りに受け取るのもいかがなものかと思いますが、学校内で起こったケガに対しての対応としてもあまりにおかしすぎました。

この時の事件は、保護者も本人も大ごとにしたくないからと結局うやむやなまま終わってしまいました。学校としては大きなもめごとにもならずほっと胸をなでおろしているのではないでしょうか。それともこの素行不良の生徒が悪いから仕方がなかったと本気で思っているのでしょうか。

指導か、排除か、排除の連鎖

大切なことなのでもう一度言います。子どもが何かルールを守れないからと言って、その子から教育の機会を奪うのは、明確な義務教育違反です。このような指導をしている学校が少なからずあります。全国的にも行き過ぎた指導などといってニュースで取り上げられたりもしています。学校は今のあり方のままで、子どもたちにとって、安心してステージを広げていける場所と言えるのでしょうか。

素行不良の子が、学校から排除されていることで、そうでない一般の生徒たちにも大きな影を落とすことを忘れてはいけません。

一人の生徒に対する排除は、すべての子どもたちに影響しているという視点は、ややもすると見落とされてしまいます。しかし誰かが自分たちのコミュニティからなんらかの理由により排除されたという事実は、子どもたちの経験・体験として記憶の底に根付くのです。失敗したら廊下に出される、ルールを守れないと行事に参加できない、先生の言うことを聞かないとみんなの前で立たされ、恫喝され虐げられ、場合によっては人格を否定されるようなことを言われ、学校から排除されていく。そんな「誰か」を目の当たりにしていくことで、自分はああはなりたくないと、強い自制心が働きます。

子どもたちは、失敗したときに大人たちがどのような態度でどのような声かけをしているのかを小さなころから、ずっと本当によく見ているのです。

先生にとってはクラス40人の中のたった1人のルール違反者に対しての指導や叱責のつもりであっても、クラス全員に影響ないわけがありません。それを恐怖に思い委縮する生徒もいれば、逆にそれが当たり前だと、排除することを当然のことだと学ぶ生徒も出てきます。たちが悪いのは後者です。自分たちと違う異質の物、はみ出しているものを、いらないものとして排除することを是とするようになるからです。

こうした思考はやがて貧困格差などの社会問題を自己責任であると捉えるようになり、社会福祉のありようをもゆがめていくことになります。こうした素地を教育現場でせっせと生産されてしまっては、私たちがどんなに福祉的視点で、すべての子どもたちの権利を主張したところで、「普通じゃないあいつが悪い」「いうことを聞けないあいつが悪い」という大人たちが増産されていく一方で社会福祉の向上からは遠のくばかりです。

不登校と教育

沖縄は、中学校の不登校出現率が全国1位です。小学校も1位と2位を行ったり来たりしています。学校が子どもにとって肩身の狭い我慢の連続の居心地の悪い場所になっているからではないかと推察しています。学力テスト問題や、子どもの人権問題への意識を見ていてもそうした側面を実感するからです。「子どもの最善の利益」ではなく、教員優位の管理教育のたまものだと揶揄したくもなります。

「子どもは大人の言うことを聞いていればよい」というような、教員の言うことが絶対である学校が、子どもにとって居心地のいいところのはずがありません。

静かに黙って姿勢よく授業を受けるその姿が評価され、好奇心から思わずはみ出してしまう勢いや、子どもらしいやんちゃさを押さえつけられる、そんなところに子どもが行きたがらないのは当然です。

ですが、不登校の出現割合が高いことの理由として学校側の言い分は、「保護者が子どもの教育に関心がないからだ」、または「家庭に問題があるから」、「子どもにこらえ性がないからだ」などをあげてきます。

こうした学校側の言い分が事実なのか一つひとつみていきましょう。まず保護者の教育への関心がないという点に関してですが、これは子ども調査で明確に否定できます。

沖縄県子ども調査に、子どもの将来の進学先の希望を保護者に聞く項目があります。沖縄県の保護者たちは、子どもが小学校1年生の頃から、将来は大学に進学してほしい、高学歴になって厳しい実態からなんとか抜け出してもらいたいと切に願っている様子がうかがえました。これは教育に関心がないという学校現場の主張と大きく異なります。

場合によっては、家庭訪問などで「うちの子は馬鹿だから」「好きにしたらいいんです」など、関心がなさそうな発言が保護者に見られたのかもしれません。それが本気かどうか、親としての建前なのかをもっとしっかりと見極めてもらいたいものですが、自分自身と向き合いながら、誰に見られることもなく正直に答えていく自筆式の調査では、高等教育を受けさせてあげたいという願いを保護者が強く持っていることが見えているのです。

教育に関心がない保護者が多いというのはただの印象でしかなかったことが調査ではっきりしているのです。

次に学校が主張してくる不登校の原因は、家庭内に問題があるからだという点です。あの家はシングルマザーだから、親御さんも素行不良だったから、不規則な生活をしている、しつけがなっていない、などが理由としてよくあげられています。これは私自身の育ちの経験からも明確に当事者としてはっきりと言えますが、家庭に問題がある場合は、素行不良や校則違反などが見られたとしても、遅刻してきたとしても、とりあえず学校には行きます。なぜなら家庭が自分の居場所ではないからです。

家庭の次にできる社会

先ほども述べましたが、子どもにとって学校は、家庭の次にできるはじめての自分の社会です。家庭内に問題がある子の側に立って言い換えると、学校は親から解放されて自分のためだけに存在する自由な社会と言えます。

家庭に問題がある場合、自分で作ってきた自分だけの社会である学校のほうが、当然居心地も良く安全な場所なので、家に帰らなくても学校には行くという傾向が見られます。

家庭内で暴力が蔓延している、食事の提供がない、という例であればわかりやすいかもしれません。学校にいれば、保護者から手をあげられる心配はありません。食事が家庭内に満足に用意されていなければ、給食が唯一のお腹いっぱい食べられる食事となり、それはもうとても楽しみで頼みの綱となります。

家庭内にトラブルがある子ほど、学校を自分の安心の居場所としたい気持ちが少しはわかってもらえたでしょうか。

それでもなお、家に居場所がない子どもまでもが学校から離れてしまうということは、やはり学校が居心地のいい場所といえないからではないでしょうか。

言い換えると、校則違反をしていても、制服を正しく着ていなくても、遅刻をしてきても、その子が学校にきているうちは、その子にとって学校は自分の居場所であると認識できていることになります。ですが、前述もしましたが、沖縄県では学校がそうした子どもたちは校門から入れない、過度な罰を与えるなどが見られています。学校でも厳しく叱責され、ルールありきで管理され、そこからはみ出てしまったら、学校という居場所を奪われてしまう子どもたちがそこには少なからず存在しています。

家庭からも排除されてしまっている子どもは、学校からも排除され、どんどん居場所がなくなっていくのです。

家庭の問題を学校になんとかさせろという話ではありません。学校の先生方が努力していないという話でもありません。校則などのルールを守るという話は決して突飛な話ではなく、いわゆる一般的なルールですし、家庭でも学校でも排除される子どもがいるから、指導をやめてくれと言っているわけでもありません。指導はすればよいのですが、背景を理解したうえで、排除ではない、きちんとその子に寄りそった丁寧な指導が必要なのです。

今の学校現場では、残念なことに、理由はともかくルールを守れ、言い訳をするな、と彼ら彼女たちの言い分を聞く耳をどこかに置いてきているように見えます。さらには、ルールが守れないならば学校に来るなという極論に到達してしまっている状況です。

自分たちの話を聞いてくれないならば態度で示すとなってしまう子どもの側の言い分ももっともです。きちんとお互いが向き合えていないと感じたが故の当たり前の反抗であり行動と考えてもいいのかもしれません。

そうしてお互いの思いがすれ違い攻防戦が繰り広げられた結果、子どもたちは、学校は自分の居場所ではないと判断し、家でもなく学校でもなく雑踏の街の中へと流れていくのです。


解決策を考えていく上で、何より学校側の大きな意識改革が必要でしょう。

例えば校則について言えば、ここ最近ではマスコミも巻き込んでさまざまな議論が巻き起こっています。

頭髪検査、地毛証明は何のために必要なのか?という意見広告を、とあるシャンプーメーカーが出していましたが、それもその一つです。

学校を含め、私たち大人が、これまでの常識がなぜ常識となったのかを改めて考えなくてはいけないところにきているのです。

黒髪でないことと、学校に通うことにどんな関係があり、なぜ髪色が異なることが問題なのか、「ルールだから」という言葉で終わらせては、子どもたちは納得できません。

今や、時代は変わり、大人たちもおしゃれとして髪色を自由に染めるのが当たり前になってきています。学校の先生の中にも、明るい髪色に染めている方もいます。服装や髪色が乱れると、人間性も乱れるという指導をされたことがある、という話はそこかしこから聞こえてきますが、髪色で人間性が変わるというのは本当なのでしょうか。髪を染めたら、学生の本分が全うされないというのは本当でしょうか。大人で髪色を変えている方は、素行不良で社会常識に欠けているのでしょうか。このあたりを明確に説明できる方に今のところお会いしたことがありません。

一つひとつ丁寧にその疑問に答えられないのであれば、もうその校則の必要性は説明できないことになります。

理由が説明できないものをどうして子どもたちにルールとして強いているのでしょうか。慣習だから当たり前、などではやはり答えになりません。私たちは長年考えずに先送りにし、常識だからとごまかしてきた問題に対し明確な意味や回答を用意し、変化していかなくてはならないのです。

制服についても同様です。なぜ制服をきちんと着なくてはならないのか。女子であれば、スカート丈が短いと、なぜいけないのか。制服以外の服装ではどうしてダメなのか。制服をなくすといったい何が起こるのか。男子であれば、ズボンの幅が広いと、または細かったり丈が短かったりすると、一体どんな問題になるのか。

「ルールだから」の一言で片づけてきた問題が、そこかしこに散らばっています。

今一度、学校とは誰のための、何のための場所なのか。根本からみんなで考え、子どもたちが安心して自分の社会を広げていける場にしていかなくてはなりません。

学校制服問題と子どもの貧困

制服問題は、校則問題だけでなく子どもの貧困問題とも密接に関連があるので、しっかり向き合わなくてはならないところです。

沖縄県の中学校の制服は基本的に男子は一部ですが、女子はフルオーダーメイドです。男女ともに胸元や腰付近にフルネームで学年カラーの刺繍が入れられます。ジャージや、体育館シューズなども、ほとんどの学校が指定のブランドもので、学年カラーが指定され、名前が刺繍で入れられます。

この刺繍については、私は早くなくせばよいのにと思いますが刺繍も利権になっているからなのか、簡単にはなくせないようです。ちなみに、中学生にもなって、制服にフルネームで刺繍を入れる理由は何か尋ねましたが、「みんな同じ制服を着ているので、間違えないように」とのことでした。小学生だって同じ体操着を着ていますが、人のものと間違えるケースなどは、低学年の一時期くらいでしょう。この年齢になって、自分の制服と誰かの制服を間違えるなんてことを理由に刺繍を入れているなんて、本当に詭弁だと思いましたが、それ以上の理由は明確には答えてもらえませんでした。刺繍じゃなくてタグに記名や、バッチ型の名札等で十分だろうと思います。刺繍が入っていることで、制服のリサイクルやおさがりのハードルは格段にあがっていますし、おさがりをもらっても有料の刺繍をお願いしなくてはいけない始末です。学校を通した貧困対策の一環として、刺繍をやめて名札にするだけでも、相当の効果があると思いますが、今のところ手を打つ気配はありません。

そもそも論になりますが、制服自体が沖縄の気候を考えると合っていないと思うのです。

4月にはもう夏服になる沖縄で、毎日着る制服です。当然毎日通学路を歩くだけでも相当の汗をかきます。そもそもが高額の制服ですから、毎日の替えを何着も購入するのは大変困難です。もっと替えがききやすい、市販のポロシャツなんかにしたらいいのにと思うのですが、今のところそれも対応するつもりはないようです。

制服で子どもたちの気持ちも引き締まり、より学業に専念できるなどの意見も聞きますが、全国的には私服の中学校も多々あり、その大半は、成績優秀校です。私服であることで成績が下がるというのはいったいどういう了見なんでしょうか。

最近では、東京の中学校で校則をすべて廃止したという話や、生徒一人ひとりを大切にすることで不登校をゼロにしたなどの教育現場の記事を目にすることが多くなってきました。この話を沖縄ですると、だからどうした、そんな話は理想でしかなくて現実では難しいことだと言われます。これを理想論だと片づけているうちは沖縄の教育現場は変わらないのではないかと思います。

日本の義務教育は基本無償です。ですが、実際に子どもを学校に通わせたことがあればわかることですが、実費で購入する学用品が大変多く設定されています。ランドセルはその代表格です。さらに沖縄では未だ各校指定の体操服、メロディオン、笛、算数セットに絵の具セット書道セット、毎日の清潔な洋服に、靴下に上履き、中学校になれば、制服に、体育館シューズに指定のジャージ一式、辞書やアクリル絵の具のセットと、入学して揃えなくてはならない学用品の総額は小中学校ともに約10万円にものぼります。

こうした学用品の入学時費用は、就学援助などで補てんされているように思いますが、この制度は市町村によってさまざまな規定や支払う金額に差があります。入学年に当たる子どもがいる世帯に支払われる就学援助制度の入学準備金の相場は３万円程度です。最近ランドセルだけでも数万円します。これでは到底準備金には届きません。物価上昇と制度の見直しが間に合っていないのです。

この支援金の金額設定は市町村に任されています。これまで入学後に入金されていた入学準備金を入学前に支給できるよう、申請時期をずらすなどの対処も始まっています。ですが、実際にかかる費用と見合っていないという点では変わりはないでしょう。

沖縄県は所得が全国平均よりも約2割から3割低い中で、物価は全国平均より高い傾向にあります。沖縄県で販売されている商品が本土のそれよりも2割も3割も安いなんて話はどこにもありません。コンビニやスーパーで売られている品物は当然全国と同じ価格ですし、学用品が沖縄だけ安いなんてことも当然ありません。

今年、東京女子医大が学校指定服を量販店と契約して安価にしたという報道がされていましたが、ヨーロッパなどでも、子どもたちの制服が量販店の既製品であることをみなさんご存知でしょうか。そもそも制服の成り立ちは、子どもたちが着るものによる劣等感を感じることの無いよう定めたはずのものではなかったでしょうか。

給食も同様です。給食費を支払わないならば子どもに給食を提供すべきじゃないという議論が起こったことがありましたが、そもそも給食文化も、子どもたちがお弁当格差で劣等感をおぼえるなどで気持ちが振り回されず学業に専念できるよう作られた工夫だったはずです。にもかかわらず、給食費を支払えないならば、給食を食べるなという議論が起こること自体、給食の持つ一番大事な側面が、いつのまにかどこかにごっそり置きざりにされてしまっています。

今では給食の成り立ちを知らない先生も多いんじゃないかと思います。とある市町村では、給食費未払いが続く世帯を校長先生が回って直接給食費を現金で回収しているという話を聞きました。この市町村は、就学援助の受給割合がゼロの年があり、いくら子どもの数が少ないからと言ってゼロはありえないだろう、ゼロなのはなぜかと聞いてみたところ、就学援助イコール給食費免除であり、今の時代に給食費が払えない家庭なんてあるはずがないから、払えないんじゃなくて払わないんだ。支払わないなら回収すればよい、このような制度は必要ないという教育長の勝手な制度解釈による受給させない工夫の結果の、支給対象者ゼロでした。これがまかり通ってしまっていたのです。子どもが少ない町で、声の大きい制度理解の浅い大人が一人いるだけで、制度利用の権利さえ奪われてしまうなんて、絶対にあってはならないことです。

「子どもの権利」と貧困

「子どもの権利条約を知っていますか？」

私はいつもこの質問から、「子どもの権利」の研修・ワークショップを始めます。

日本は「子どもの権利条約」の批准国です。子どもの権利条約は国際条約であり、日本はこの条約に賛同し、尊守しますというサインをしています。

「子どもの権利」の話をすると、「子どもに権利なんて必要ない」とおっしゃる方が少なからずおられますが、これは私たちが必要の有無を論じるものではなく、国際条約のもとに子どもたちが持っている権利だということを丁寧に説明して歩いています。

それでも、「子どもに権利なんて与えたら管理統率が取れなくなるだけだ。そんなもの必要ない」とおっしゃる校長先生や「義務を果たしてこその権利だ」という方はあとを絶ちません。

正直そんな大人と対峙するたびに、大変残念に思い、つくづくこの国には子どもたちの基本的な人権がないのだな、子どもも大人も生きづらい国なんだなということを突きつけられているように感じます。民主主義の社会であるはずなのに、その根幹となる人権が正しく理解されていないという根本的なゆがみが残念ながらそこにあるのです。

「子どもの権利」は、ゆくゆくは私たち大人の権利につながっています。例えば「子どもの権利」には「休む権利」というものがありますが、この「休む権利」を子どもが行使するシーンをパッと思いつく方は少ないと思います。そもそも子どもが特に理由なく休みたいと言って学校を休ませてもらえたなんて話はほとんど聞いたことがありません。

この、子どものころに経験したことがないことというものが、私たち大人の権利をおびやかします。日本の有給消化率は諸外国のそれに比べて極端に低くなっています。体調不良以外で、堂々と遊びに行く、今日はゆっくり休みたいからという理由で、有給を堂々と取れる人はどれほどいるでしょうか。学校を休むのは、体調がよっぽど悪い時という経験しかしたことがないので、私たちは自分たちのリフレッシュや息抜きのために休みをとるという権利の行使の仕方がさっぱりわからないのです。使い方もわからなければ、有給を付与している雇い主の側にもこうした休む権利の経験がないため、悪循環に陥っており、だれも堂々と自分のために有給消化することができない社会ができてしまっているわけです。

「子どもの権利条約」を体感するワークショップ

「子どもの権利」を知って、自分の権利を改めて考えるという場が必要だと、自分の経験からも強く思ったことをきっかけに、まずは子ども現場に「子どもの権利条約」をきちんと伝えようという研修を２０１４年から草の根的に県内各地で実施してきました。おかげさまで、延べ受講者は１０００人を超えました。

「子どもの権利」を知らない大人が、学校をはじめとする子どもの現場にいるという状況の改善をはからなくてはなりません。それには、そもそもあまり知られていない「子どもの権利」を広くたくさんの人に伝え、権利や人権について考えてもらうきっかけの場が必要だと考えました。

子どもたちは日々その権利を蹂躙されながら育っているというのが今の日本の教育現場です。なぜ学校に校則があるのかを尋ねても、それがルールだからだ、という言葉で片づけてしまう大人たちは、「子どもの権利条約」の四つの基本原則のうちの子どもの意見表明権を無視しています。この校則はおかしい、どうしてこれを守らないといけないんだ、という当然の子どもたちの意見表明を、そういうものだからだ、常識だから、ルールだからという簡単な言葉で片づけてはいけなかったのです。

細かいようですが、こうした問題を一つひとつ丁寧に考えながら、「子どもの権利」とは何か、「子どもの権利」を守ることが将来どういったことにつながっていくのか、私たち大人が、社会構造の中で、「子どもの権利」をどれだけないがしろにし、大人の都合でゆがめているのかを体感してもらうワークショップを独自で開発しました。

「子どもの権利」とはこういうものだという座学だけでは分かった気になるのかどうかも怪しいところですが、このワークショップは自身の子ども期を振り返りながら、また自身の受け持つ子どもたちの声を使って、「子どもの権利」が社会にどのように受け止められているのかを確認していきます。

「子どもの権利」を体感するワークショップの概要

【用意するもの】

模造紙、大きめのポストイット（参加者一人当たり20〜30枚程度）、サインペン、太マジック赤と青（グループごと各１本）

【手順】

1．ワークショップを展開する前に、「子どもの権利」についての基礎学習を行います。

・子どもの権利条約の成り立ち
・子どもの権利条約の基本原則
・子どもの権利条約４つの柱
・日本で守られていない子どもの権利
・子どもの権利条約条文確認等（約１時間程度）

2．ワークショップの準備

①参加者をグループごとにわけます（4名～最大6名）

②模造紙をテーブルごとに配ります

③模造紙に4つの柱を書き込んでもらいます

④ポストイットに実際の子どもの権利を書き入れ、4つの柱に分類しながら模造紙に貼っていきます

ワークショップ風景

※ここで講師がテーブルを回りながら、分類のサポートや、他テーブルで出ているものなど例を出し様々な権利があることを解説・助言していきます

⑤一般的な子どもの権利「病院へ行く権利」「休む権利」などが出尽くしたところで、次の展開に移ります。

参加者の皆さんに子どものころの自分に戻ってもらいます。※子どものころがイメージしづらい

場合は、身近な子どもたちをイメージしてもらいます。

「小学校3年生くらいのころの自分や子どもたちが、思いのままに大人たちに言ってくるリクエストや、願望、希望でいっぱいの、子どもが主張する子どもの権利を書いてみましょう」と声をかけ、子どもの視点での「子どもの権利」をポストイットに書き入れ、④同様4つの柱に分類しながら模造紙に貼っていってもらいます。(30分程度)

※書き込んでいる間、講師はテーブルを回りながら、大人のバイアスがかかっていない子どもの視点での権利の主張にどういうものがあるかを助言していきます。他テーブルで出ている面白い主張をみんなに紹介したりします。

⑥ある程度出尽くしたら、権利について整理します。(30分程度)

一つひとつ書き出された権利をグループのみんなで見て、赤い太マジックで○×△に分類していきます。

○…「誰に聞いてもこれは守られるべき権利、守られている権利であるもの」

×…「誰に聞いてもこれは権利ではない、かなえてあげられないもの」

△…「人によっては権利として守られるべきだというもの、グループのみんなはいいと思

うが、その他の人に聞いたらそれはダメだと言われるなど、誰かひとりでもそれは権利ではないというもの」

⑦分類が終わったら、検証していきます。（30分〜40分程度）

×と△に注目していきます。

その権利が×や△の理由はなにか。その理由は大人の都合ではないかなどを話し合っていきます。

大人の工夫や視点を置き換えることで、本来は守るべき権利だと判断できたものを×から△や〇などへ青マジックで書き替えていきます。（最初の考えをひっくり返す作業を行います）

※講師は各テーブルを回り、「これはどうして×がついているの？」と×をつけた理由を確認していきます。その際、「子どもの権利」と「子どもの最善の利益」に基づいた声かけをしていきます。

例）「学校を休む権利」に×がついていた場合、「どうしてこの権利は×ですか？」と声をかけます。「病気で休むのは良いけれどサボりはダメ」などの声があがるので、子どもたちに休む権利があることを改めて伝えます。子どもが休みたいと言った時の背景などをイメージできる声かけも有効です。この際講師の声かけをきっかけにグループみんなで話あってもらいます。グループの中で声の大きい人が「学校は絶対休んだらダメ！」と強い主張がある場合は、講師がハンドリングし、全メンバーが声を出しやすいようにします。一人でも「場合によっては休んでもいいのでは？」という声が出たら、「×で良いですか？」と再度グループで検証するよう声をかけます。

このワークショップのポイントは、既定概念を覆していくことです。子どもの権利条約に基づき、子どもの最善の利益を考慮するとはどういうことかを、オセロワーク（概念の覆し）で体感してもらいます。これには「子どもの権利」や子どもの視点に立つという作業が必須となり、ワークショップ中の講師の声かけが大きなキーとなります。

参加した方々からは、目から鱗だったという感想が一番多く上がります。日常の中で私たちが「子どもの権利」をいかにないがしろにしてきたかを実際に具体例から紐解くという作業は、概念を１８０度ひっくり返される作業とも言えます。

私はこのワークショップを〝オセロワーク〟と名付けています。

オセロのように、角を取って一気に黒から白にひっくり返すような爽快感を体験できるからです。

ワークショップでは、このひっくり返していく作業を受け止めきれずに怒り出す人もいます。もちろん丁寧に紐解いて腹落ちしてもらう作業をするのです。今まで怒り出した人は、たいがい腹落ちしたら泣かれる方が多いです。

なぜなら、ずっとそれが正しいと自分の中で我慢して耐えてきた概念をひっくり返されてしまうからです。この涙は、悪い意味の涙ではなく、どちらかというと許されるんだという安堵の涙であることが多かったと思います。

子どもたちの側に責任があると感じていたルールや主張が、いかに大人の側の思い込みや常識という言葉を隠れ蓑にして都合よく湾曲した解釈であったのか、それをこれまでずっと子どもに押し付けていたという現実を体感してもらうことが必要なのです。

このワークショップを受けると、劇的に子ども観が変わります。また、子どもとの接し方、子どもに関わる物事を決める物差しが変わります。

実際の子ども現場で出た子どもたちの声や、かつては子どもだった自身の声を拾い上げながら、一つひとつ丁寧にその時その権利の主張が通らなかった理由や、通せないと思っている思い込みを塗り替えていきます。

この作業を自身で納得するまで行うことで、いかに私たち大人が、これまでの常識や慣習でさまざまなことをあきらめ見なかったことにし、変化を恐れ新しい取り組みを拒絶してきたのかを思い知らされます。そして、子どもたちがいかに、自由にのびやかに豊かな発想をもって日々を過ごしているのかを心から感じることができるようになるのです。

この研修では、２０１６年に改定された児童福祉法の「子どもの最善の利益」に基づいた思考の基礎をワークショップで身に着けてもらうことを最大の目的としています。「子どもの最善の利益」とは、子どもを主体としてとらえ、一人ひとりの成長や発達に沿って、子どもの人権を尊重し、育ちを援助していくことです。

権利条約にも定められている通り、「子どもの権利」は、大人の都合で、守られたり守られなかったりしてはならないものです。ですが、「子どもの権利」自体を知らなければ、その基本理念をもとにした支援はできません。

まずは知ることから。今後も、全国どこでも「子どもの権利」を深くきちんと知りたいという声があれば、ワークショップを実施しにでかけていきたいと思います。

第4章

大人の思い・子ども支援の在り方

沖縄の最初の子ども食堂ができるまで

沖縄県の最初の子ども食堂は、沖縄市にできた「ももやま子ども食堂」です。この子ども食堂は、県が調査を開始するより前から設立準備をはじめていたもので、必要に駆られて立ちあがった子ども食堂でした。

沖縄市で学童施設を運営していた先生から、近所のコンビニエンスストアの廃棄弁当をもらいに来ているきょうだいがいる、と相談を受けたのが２０１４年のことでした。

すぐに沖縄市子ども施策研究会の鈴木友一郎さんと一緒に先生の施設を訪ね、ことの経緯を聞きました。もう何年も前から、きょうだいとおぼしき子どもが2人、学童施設から見えるコンビニエンスストアに、子どもだけで手をつないで歩いてきていると気になったのが最初にそのきょうだいを見た時だったそうです。

何をしているのかな?と眺めていると、そのきょうだいは、どうやらコンビニのごみ施設をあさっているようでした。食べ物を探しているんじゃないかとすぐに思ったそうです。

そこで、先生はそのきょうだいに声をかけ、学童施設に招き入れて、学童の子どもたちと一緒におやつを食べさせました。ですが、これも毎日やるわけにはいかなかったそうです。

学童施設は有料の施設です。利用料を払って子どもを預けている保護者から、あの子たちは一体何なんだとクレームがついてしまったのです。先生は、その後も個人的には学童が閉まったあとに何か食べるものを渡したり食べさせたりしていたそうですが、そのうちにいつの間にか姿を見かけなくなってしまっていたとのことでした。それが最近また来ているのを見たんですと、とても悲しそうに話していました。

最初に見たときは小学校１年生くらいと３歳ぐらいだったそのきょうだいは、小学校高学年と低学年くらいになっていました。２人はすっかり慣れた感じでコンビニから廃棄弁当を持って帰っているではないですか。もう見て見ぬふりをし続けることはできない。自分たちに何かできないんだろうか、という相談を受けたのが、「ももやま子ども食堂」の立ち上げのきっかけでした。

私たちは話を聞いてすぐに、東京で子ども食堂を運営しておられるＮＰＯ法人豊島子どもＷＡＫＵＷＡＫＵネットワークさんに連絡を取り、実際に子ども食堂を視察に行き運営の仕方や仕組みを教えてもらいました。地域の大人が立ちあがれば、何かできるかもしれない。見えるところに困っている子どもがいるのであれば何かはじめるしかない。そうした強い思いで、子ども食堂の立ち上げに向けて、初期のメンバーが集められました。

現代表でもある白坂敦子さんはこの時、民生委員をしており、地域事情に大変詳しい社会福祉士でした。その他のメンバーは、沖縄県ではじめてファミリーサポートの制度をスタートさせた、子ども支援のスペシャリストの與座初美さん、話を聞いてすぐに東京に飛んでくれた沖縄市子ども施策研究会の鈴木友一郎さん、学童現場で指導員をしていた平林勇太さん、そして沖縄市議にも入ってもらい、沖縄県最初の子ども食堂の立ち上げに向けたミーティングを開きました。

子ども食堂とは一体何か、誰が対象でどういう施設なのか、まずはその共有から入り、どういう運営体制を整えなくてはならないのか、何が必要なのかを一つずつ話し合っていきました。

私たちが大切にしたのは何よりも地域のみなさんの協力と理解を得ることでした。子ども食堂の場所は、最初のきっかけとなったきょうだいも気づいたらいつでも来られるように、学童施設のそばになんとか場所を確保しました。そして、その範囲にある小・中学校、

ＰＴＡ、自治会の会長さんや婦人会、民生委員さんたちにそれぞれ丁寧にこの子ども食堂の意味と理解を求めに歩きました。

これ程までしても最初からみなさんが賛同してくれたわけではありませんでした。

「どうしていま時おうちでご飯食べられない子がいるの？」

「親がすべきことを肩代わりしたらだめじゃないか」

「素行の悪い子たちが集まってきて出入りされるのは困る」という声もあがってきました。

私たちは手分けして、なぜそれが必要なのか、子どもたちや困窮している保護者たちの表面に見えていることだけではなく、地域が子どもを育てていくことの必要性と重要性を丁寧に説明して歩きました。地域みんなの理解がなければ子ども食堂を開けてはいけないんじゃないかという思いのもと、数カ月かけて地域を説得して回りました。

その甲斐あって、徐々に理解者も増えていき、最終的には地域のみなさんの賛同を経て、「ももやま子ども食堂」のオープンへとこぎつけたのです。それが２０１５年5月のことでした。

子どもの日に設定したオープンには、たくさんの方が駆けつけてくださいました。地域の婦人会のみなさんも腕を振るって料理を作ってくれました。最初の立ち上げ場所から、二度の引っ越しをした今でも「ももやま子ども食堂」は地域のすべての子どもたちの居場所として、沖縄市で元気にそのドアを開けています。

子ども食堂ブームから起こった課題

「子ども食堂の運営のことで相談がある」という子ども食堂運営の方とのエピソードを紹介します。

「そもそも、生活保護世帯の子どもにどうしてご飯を提供しなくちゃいけないいんですか？」

とある地域に立ちあがった子ども食堂の事務局の方が、せわしなく貧乏ゆすりをしながら、こう訴えてきました。大変怒っている様子でした。

「なるほど。どうしてそんなに怒ってらっしゃるんですか？」

私がそう質問し終える前に勢いよく、その方は怒りを思い切りぶつけてこられました。

「そもそも、生活保護世帯は食費も含まれて支給されていますよね？　毎回毎回きょうだいの分もお土産にとか、親の分もとか、持ち帰りまで要求してくるんですよ。保護費で食費が出ているんだから、提供する必要はないですよね。こちらだって余裕があってやっているわけじゃないんです」

ものすごい勢いで、そうまくしたてながら、貧乏ゆすりは止まりません。大変イライラしていらっしゃるのは明確でした。

「そもそもそのお子さんのおうちが生活保護世帯だとどうしてわかったんですか？」

沖縄県では子ども食堂の利用者が生活保護世帯かどうかを確認するようなルールは原則敷かれていません。なぜその家庭のプライバシーに触れるような部分を子ども食堂の運営側がつかんでいるのかに興味がありました。

「衣類などの恰好もちゃんとしていないし、しつけもできていないし、乱暴だし、言葉遣いもなっていないし、物はすぐ壊すし、きっとそうだろうと思って、役場に問い合わせました」。

それで問い合わせたら役場が生活保護世帯であることを開示したというのですから、私はその場でひっくり返りそうになりました。

「なるほど、役場で聞いてわかったと…」

「はっきり生活保護世帯だとわかったので、先日こちらに来ていたお子さんに、親宛のお手紙を持たせたんです」

わが意を得たりと、満足そうな顔でその方は続けました。

「生活保護世帯で子ども食堂を利用するのであれば、こちらが指定するボランティア活動に必ず参加してください。それができないようであれば今後子ども食堂の利用はできませんという内容です！　当然ですよね。生活保護世帯なんですから。もらっている保護費から食費をまかなってもらわないとおかしいですよね。食費分をもらっておきながら子どもも食堂を利用するなんておかしいと思うんです」

私はこの方に一体何から説明したものか、正直途方にくれてしまいました。

「そちらの子ども食堂には今後も生活保護世帯のお子さんは来てもらいたくない、ということですか？」

「はい。生活保護世帯は食費が出ているので、子ども食堂を利用する必要がありませんから」

「なるほど。そちらの子ども食堂には、市町村からの補助金は出ていますか？」

「一応いただいていますけど」

「であれば、役場にその旨を伝えてもらって、相談したほうがいいと思いますよ」

「いえ、もう役場では話したんです。役場から、生活保護世帯の利用はできないことを説明してほしいと伝えました。そうしたら、生活保護の子どもが利用できないということはできないと言われて困っているんです」

「なるほど…。そもそも沖縄県で子ども食堂がどういった子どもたちを対象にはじまったのか、という点はご存知ですか？」

「それはもちろんわかっていますよ。いろいろと経済的に厳しいお子さんたちが給食しか食べていないなどのニュースを見て、私たちも立ちあがったんです。ですけれど、生活保護世帯で食費が出ている家の子たちが来るなんてことは聞いていませんし、それを利用させろという役場がおかしいと思うんです」

この方は心底本気でそうおっしゃっていました。

「そちらの子ども食堂では、利用者に制限をかけたいということですよね」

「はい。生活保護世帯は原則禁止にすべきです。どうしても利用したければボランティア活動に参加してもらわないと困ります。それから、発達に問題があるお子さんも来てもらいたくないです。備品を壊されたりして困っているんです。私たちは発達支援ができるわけではないですし、家庭でできていないしつけをするためにやっているわけじゃありませんから。普通に最低限のしつけがされている、発達にも問題のないお子さんに来てもらいたいと思っています」

「なるほど。そのようなルールで運営されるということで、運営側のみなさんの意見が一致しているのであれば、それでやっていくのでしょうけれど、そもそも子ども食堂の意味とみなさんのお考えはあっていないように思いますよ。ある程度ターゲットを絞りたいのであれば子ども食堂ではない形でもいいのかなと思います」

そういうと、はじめて同行なさっていた方が口を開きました。

「備品をね、壊されるなどは本当に困っているんです。窓ガラスも数枚割られてしまってですね、私たちも運営費が潤沢にあるわけではないので、こういったことには困っています。ですが、地域のすべての子どもたちのためにやっていきたい気持ちはあるんです。なのでやめるという選択肢はありません」

事務局をやっているという方との意見がだいぶ違うようでした。他にもスタッフの方がいらっしゃるとのことだったので、運営メンバー全員でこの問題についてもう一度よく話し合うこと、子ども食堂とは何かを改めて役場の方も交えて考える場を持つのがよいのではないかとアドバイスし、この時の相談は終了しました。

民間支援の温度差

沖縄県の子どもの貧困問題が大きなニュースとなり、その支援策としてはじまった子ども食堂や子どもの居場所はあっという間に県内で１００カ所を超えました。内閣府からの緊急予算が出たことも加速度的に増えていった理由の一つです。この運営費の支援により子ども食堂や学習支援の居場所や塾などの運営費に補助金が出るようになり、さまざまな方々がこの事業に参入してきました。

新聞報道を見ていてもたってもいられなかった方々が多かったのは事実です。とにかく何かしたいと、気持ちから入って、予算もない中でなんとか自分たちにできることをと立ちあがった方が多かったのも事実です。ですが、実際に運営していく中で、そもそも論のところでつまずきや誤解や偏見がみられる現場が出てきてしまったのも残念ながら事実でした。

紹介した事例のその後ですが、話に出ていたお子さんが、事業者がお母さんにあてた手紙の内容を見てしまったことで保護者が生活保護を受給していることを知ってしまい、その後この子ども食堂には来なくなってしまったとのことでした。事務局の方はその方たち曰くの問題児がいなくなってほっとした表情でしたが、地域のすべての子どものためにと話しておられた方は、難しい顔をしていました。

子どもたちのその後がとても心配になってしまうケースですが、この件に関しては役場がこの一連の流れを把握していたため、その後このお子さんたちは福祉的理解もある社会福祉士がいる別の子ども食堂で特別なサポートしていくことになったと聞き、ほっと胸をなでおろしました。

民間のこうした支援への温度差は、子どもたちに直接的な影響を及ぼします。地域の大人たちが自分たちのための居場所をあけてくれたことで、そこにつながった子どもたちは、毎回そこに通っているうちにその場所が安心の居場所へと徐々に昇格していきます。そうしてやっとできた自分の居場所で、大人たちにある日突然「あなたは利用者にふさわしくない」というようなことを言われる場面が出てきてしまうなんてことは、本来であればあってはならないことです。しかもこうした出来事は家庭内に問題のあるお子さんであればあるほど、その影響が大きく出ます。やっとつながった手をいきなり突き飛ばされるように離されてしまうのですから。

大人たちは、ルールが守れないのだから仕方がない、しつけがなっていないのだから仕方がないなどと、断るもっともらしい理由を用意しているでしょう。実際、マナー違反だったり、ルール違反をしていることももちろんあるのだと思います。ですが、一度は入れた場所を立ち入り禁止にされる子どもの気持ちを考えると、私はとても悲しい気持ちになりますし、問題があった子であればあるほど、その後どこかとまた繋がれるだろうかと心配になります。大人の都合で手を離された子どもが、また誰かを信じようと思えるようになるまでには相当の時間がかかるのです。こうして子どものその後のことまでを考えてルールを作っているようなところはあまりないことも残念なことです。

運営している大人たちの考えは場所によってさまざまです。挨拶がきちんとできない、靴をきちんと並べられない、手を洗わない、お行儀が悪いなどを理由に、利用を断られるケースが出てきていることも聞きました。学習支援の居場所で、生活シートのようなものを作成し、朝食を食べているか、きちんと挨拶ができるか、親と会話しているかなどのチェック項目を設けているところがあるというのも聞きました。

それぞれの居場所は民間の有志のみなさんの思いで立ち上げているわけですから、その運営方法や理念をチェックするような機会もありません。これがさまざまな事情を抱える子どもたちに、どう影響するのかを私たちは考えていかなければなりません。

――おはしの持ち方がおかしい。

――ちゃんと座って食べられない。

――人の目をみて話ができない。

――行儀が悪い。

――髪の毛を染めている。

――学校に行っていないらしい。

――煙草を吸っているみたいだ。

――親が家にいるのに子ども食堂に来させている。

いろいろな話を聞きました。

どの話も、困窮世帯の子どもだけを対象にした場合でも、地域の子どもたちをわけ隔てなく対象にした場合であっても、どちらにせよ必ずそういう子はいるだろうという想定内の話でしかありません。

ですが、有志で立ちあがった一般の方々にとっては想定外であったのです。

本来であれば、「子どもの居場所」というものがどういった位置づけの場であるのかを、これから立ち上げる方々に丁寧に説明する機会を設けてからスタートすべき施設ではないでしょうか。少なくとも根本的なところの理解をしていてもらわないと、このような排除が簡単に起こってしまいます。

思いで立ち上げているんだから、福祉的理解や子ども理解よりも、子どもたちに何かしてあげたい気持ちを大事にすべきだという論も全国的に見られますが、それは大人の自己満足のエゴにすぎないのではないでしょうか。

私は、福祉領域の専門知識まで持てとは言いませんが、根本の部分での児童福祉や子どもの最善の利益への理解は最低限持っている必要があると思います。その上で理解が得られなければ「子どもの居場所」としては開設できない仕組みを作ってもいいくらいでしょう。子どもたちの状況に無理解なまま子どもの居場所を開き、無意識であれ意識的であれ、子どもたちを差別や偏見の目でジャッジし、排除するようなことをしてしまうことはどうしても避けたいのです。

最初のうちは、運営側も手探りなので、はじめからこのような排除傾向がみられることはほとんどありません。

スタート時は集客もままならないことが多いため、特に深く考えずに地域のすべての子どもを受け入れてはじめることが多いのですが、運営していくうちに徐々に課題や問題が出てきます。

紹介したように、何かしらの困難をかかえた子どもが来ることはもちろんのこと、素行が悪い、お行儀が悪い、挨拶ができない子が来ることなどは当然普通にあるでしょう。そのような中で、最終的な運営方針の判断は基本は運営側に一任されているため、運営側の常識と正義だと思っているルールをもとにした排除が普通に起こってしまいます。

一度子どもの居場所につながった何か困難をかかえていた子どもは、やっと安心して過ごせる居場所ができるのではないかと期待していたことでしょう。しかし運営側の誤解や偏見や、ルールを守れない常識的でない人は入れません等と何らかの理由で排除されてしまった彼ら彼女らは、いったいどれほど絶望し、心を折られ、大人たちへ不信感をもつのでしょうか。ここで支援から手を離されてしまったことを理由に、次にまた大人たちに心を開いたり、支援につながる可能性がなくなっていくのです。

もしかすると、もう二度と彼ら彼女らは大人たちに自分の思いを伝えることがなくなる可能性もあり得ます。

子どもの視点から見たときのこの問題を、

「地域の大人が思いではじめたのだから仕方がない」

「いろんな人がいるから、いろんなルールや運営方針があっていい」

などの言葉で片づけては、いつまでたっても、安心の子どもの居場所なんてできないのではないでしょうか。

ここまで無作為に子どもの居場所が増えてしまった以上こうした排除が起こることがわかっているのですから、何らかの形で次につなぐ仕組みは早急に作るべきです。児童福祉法でも定められていますが、子どもに関するすべての事柄は、「子どもの最善の利益」を第一義に考慮して決められるべきだからです。

この点に関しては、今後少なくとも「子どもの居場所」と称するところでは、しっかり基礎理解をもつよう、管轄の市町村で基礎学習会や開設のための必修研修などを開催していく必要があると思います。沖縄県でも、「子どもの居場所」の学習会などは開催されていましたが、座学で1日話を聞くだけでは、すべての居場所がきちんと子ども理解をして、また子どもの貧困対策としての「子どもの居場所」の意義や利用する可能性のある子どもたちの状況を的確に理解できるとは到底思えません。ここはもっと丁寧に理解度を深めるための取り組みを行っていくべきところでしょう。

今現在開設している居場所では、改めて自分たちの居場所が「子どもの最善の利益」を子どもたちが享受できる施設になっているか、再点検していくことが大切です。

「子どもの権利」を大切にするということ

悪い例から紹介してしまいましたが、一方で子どもたちに寄りそって、福祉的視点をもってきちんと運営している「子どもの居場所」や子ども食堂ももちろんあります。

「子どもたちがそれまでたとえ1日1食、カップラーメンだけで育っていたとしても、なんとかして生きて行こうとして今までそれでがんばってやってきた意地やプライドがあるんです。それで今まで生き抜いてきたんです。それはやっぱりすごいことです。これは本当に心からすごい、えらいって尊敬するところでしかなくて、がんばってきたことを、例えばそんな惣菜とかカップラーメンとかそんなんじゃダメだよなんて否定するなんてことは絶対にできなくて、生きていくために考えて踏ん張ってきたっていう証拠、そのプライドを傷つける権利なんて僕にはないです」

こう話してくれたのは、沖縄市の「ももやま子ども食堂」の菅原耕太さんです。

「子どもたちからは、学ばせてもらうことしかありません。僕ごときが子どもたちに何か教えるなんて、そんなおこがましい。僕の方が子どもたちから教えられることが多くて、成長させてもらっています」

菅原さんはいつもこのように話して、子どもたちの中に入り一緒になって場を作っています。「ももやま子ども食堂」は最初の立ち上げから、二度の転居を行い、今は一戸建ての広い居場所になっていて、１日の利用者は、多い時で40名を超えることもあります。小学生から高校生までが自由に出入りし、施設内の玩具で遊んだり、本を読んだり、スタッフと話をしたり、それぞれが思い思いに過ごします。食事は、地域の方の協力も得ながら、手作りのご飯を用意し、みんなで食べています。
子どもたちに特別なルールは強いていないそうですが、子どもが独自に作ったルールが壁に貼られていたり、子どもたちが作ったサークルなどの張り紙なども見られます。立ち上げ当初からかかわってきた白坂さんが最初の引っ越しの時の話をしてくださいました。

「引っ越ししなくちゃならなくなった時、あちらこちらに物件を探して歩いてね。なんとしても今の子ども食堂のそばに場所を探さなくちゃって思ったのね。気になっていた利用者さんがいて、この子たちのために探したっていってもいいくらい。一人の子に寄りそうために、がんばって引っ越し先を探したのよね」

「ももやま子ども食堂」は、今では地域のすべての子どもたちを毎週土曜日に受け入れています。立ち上げ当時から通ってきていた近所のお子さんが、ここを大事な自分の居場所としてくれて、毎週来てくれる。オープン前から、階段のところに座って、ドアが開くのを待っている。都合でお休みしなくてはならなかった日に、施設の前を通りかかったら、やっぱり階段のところで待っている姿を見つけたりしたそうです。

「一人の子のために、何ができるかって考えたことが、みんなのためにもなったってことかしらね」

あれから4年。二度の転居は、もとあった場所から近く、子どもの足でも通える範囲で行われました。当時から白坂さんが気にかけていたお子さんは、今ではこの食堂に出会ったことを作文に書きたいけどいいか？と尋ねてくるほどになったそうです。

「最初はコミュニケーションをとるのも難しかったのにね。明るくなって、たくさん話してくれるようになって、子どもってすごいよね」

この間、ももやまのスタッフがしてきたことは、ただそこに「いる」ただそこに「ある」ということでした。

子どもたちが安心してここに来られるよう、毎週扉を開き、どんな子どもたちでも笑顔で迎え入れ、わけへだてなく、すべての子どもたちと一緒にご飯を食べ、話し、笑い、遊ぶ。そんな日々をたんたんと継続し続けてきたのです。

「歯磨きの習慣がない子たちがやっぱりいてね。食後に歯磨きだよって声かけしてもね、そもそもなんで磨くのかわからないとか普通の習慣がない子にね、無理強いしても、やっぱりできるようにならないのよね。そんな時にね、琉大から来た学生のボランティアさんがね、お手紙と一緒に、キャラクターが書かれたかわいい歯ブラシをたくさん寄付してくれてね。〝歯磨きの習慣がない子たちがたくさんいることに驚きました。どうしたらいいかいろいろ考えて自分の好きなキャラクターの歯ブラシを自分で選ぶところから入ったら、歯磨きに関心がいくんじゃないかと思いました〟って。いいアイデアでしょ。早速その歯ブラシを置いておいて、好きなのどうぞって言っていたらね、これがいい、これがいいって、みんなで自分の歯ブラシを決めて名前を書き始めてね、そうしたら何も言わないのに、自分の歯ブラシどこだっけ？って歯磨きし始めたりして。子どもってすごいよね」

私たちは、私たちの常識の中で、これはできて当たり前だと思うことを、子どもたちに当然のように強要してしまいがちです。

子どもに寄りそう、子どもの力を信じて共に学びながら成長する。子どもが自ら動き出せるよう配慮し、見守る。

この姿勢が「ももやま子ども食堂」では一貫しています。子どもたちが毎週毎週、ここに足を運びたくなる理由は、ここには「子どもの権利」が当たり前にあるからです。

子どもたちの声を聞く、子どもたちと共にある、子どもたちと一緒に遊び育つ。

子どもと関わる現場では、ぜひその運営や体制や理念が、「子どもの権利」をきちんと守っているかどうかを「子どもの最善の利益」に照らしながら、再検証してみることをお勧めします。

移動の自由を奪われている沖縄

「ママ、今度高校のクラスのみんなで宜野湾のボーリング場に遊びに行くことになったの。乗せて行ってもらえないかな」

高校生の娘さんからこのようなリクエストが入ったお母さんの話です。

「いつ？」

「来週の水曜日」

「その日は仕事で1日あけられないや」

「え、バスで行くと、1時間半以上かかるんだけど。車なら20分くらいなのに」

「ごめんだけど、バスとモノレールを使っていってきてくれないかな」

「えー、遠回りしなくちゃいけないし、交通費高いし嫌なんだけど」

「本当にごめんね。お友達と待ち合わせして、バスでお願い」

「帰りは迎えに来てくれる？」

「時間によるかなあ…」

「えー、往復で交通費高いし、もったいないよー。連れて行ってよ」

公共交通が発達していない沖縄では、バスの本数も少なく運賃も高いため、娘さんの気持ちもわかるのですが、仕事でどうしても時間の都合がつかなかったため、結局この集まりにはバスとモノレールとシャトルバスを使って参加してもらうことにしたそうです。

「何時集合？」

「13時」

「何時に出るの？」

「11時前かな。バスが1時間に1本しか来ないから、次だと絶対間に合わないから。車なら12時半に出れば余裕で間に合うのに…」

「本当だね」

この親子の住んでいる東海岸側から、西海岸側に縦断しているバスは、以前はありましたが、今は廃線になってしまい走っていません。バスを乗り換えていくしかないのですが、バス便自体が少ないため、乗り継ぎがうまくいくとも限りません。結局、那覇の主要モノレール駅まで一度バスで出て、そこでモノレールに乗り換え、別の駅から出ているシャトルバスに乗り換えて行くことにしてもらったそうです。

行きたかった場所と自宅との距離は13㎞ほどで、車で行けば所要時間20分の距離です。バスとモノレールの料金は、バスが４３０円、モノレール２３０円、シャトルバスが利用者は無料で合計６６０円。往復で１３２０円。東京で考えると、東京駅からディズニーランドがある舞浜駅までが約16㎞程度で、京葉線１本でＩＣカードを使用すれば２１６円、往復でも４３２円の距離です。交通費だけで約３倍の開きがあります。こうした交通費も小さいようで日々つみあがっていくと経済的な負担としてのしかかってきます。

沖縄では公共交通がほとんどありません。鉄道がないので、主な移動手段は車になります。那覇市などの中心街であれば、バス便も豊富にありはしますが、少し中心街から離れてしまうと、本数も極端に減り、利用しにくいものとなってしまいます。また、基本的には、距離加算でバス料金は変動するので、遠くまで行こうと思うと、その料金も馬鹿になりません。路線が縦横無尽に張り巡らされているわけでもないので、ぐるりと遠回りしていかなくてはならない場所も多く、とても不便です。

我が家から一番近いバス停も、平日の朝夕は若干本数が増えますが、日中や夜間は1時間に1本しか来ません。

このバスで国際通りまで行こうと思うと、約1時間かかります。車で行けば空いている時間であれば15分ほどの距離にもかかわらずです。ついでに言うと、沖縄のバスは、ほとんどが時間通りに来ません。いつ来るかわからないバスを30分以上待つことも、沖縄では日常茶飯事で、時間が読み切れません。なかなか公共交通を使う気にならないのは、このタイムロスも理由の一つです。

ある夏の日、我が家の車が壊れてしまい、もうエンジンを乗せ換えるか買い替えしかないと言われ、車を手放すことになりました。だったらこれをチャンスととらえ、公共交通のみで暮らすことを経験してみることにしました。車社会の沖縄でも、生活保護を受給する際には車両の保持は原則認められていません。それは、車がなくても生活できると判断されているのであって、やってできないことはないはずだというのを実際に体験してみることにしたのです。

この実験を開始してすぐに、早くも日常の買い物だけで根を上げそうになりました。普段は自宅から車で5分のところにあるスーパーをメインの買い物に使っているのですが、車がないので、当然歩いていくしかありません。車で5分ならばすぐ行けるだろう、と行きは軽い気持ちで意気揚々と歩いて出発しました。

夏の昼間の沖縄は、灼熱の太陽が照り付け、日陰でないと、暑くてすぐにばててしまいます。帽子をかぶり日傘をさして出発しましたが、行く道すがら残念ながら日陰がほとんどありません。

5分おきに日陰を探しては少し休憩し水分補給し、20分ほど歩いてスーパーに到着しました。もうこの時点で汗びっしょりです。スーパーの中は冷房が効いていて、汗はあっという間にひきましたが、汗でぬれた洋服で今度は寒くなる始末。

いつものように、1週間分の食材を買い込み、さあ帰ろうとなった時に、今度は両手の重い荷物で日傘がさせない事態に陥ってしまいました。いつも通りの買い物をしたので、1週間分6人前の買い物は二つの買い物袋にいっぱいです。指に食い込むこの重い荷物を両手にもって、暑い中日傘もささず、また灼熱の日向を歩いて20分帰るとなると気が遠くなる思いでした。せめて日影があれば…。荷物はカートか何かを用意しないと持って帰るだけで一苦労だな…。この暑さでお肉は大丈夫なんだろうか？　挙句の果てには、これはもうタクシーを使ったほうがいいのではないかとすら思えてきました。

沖縄の人は歩かないから、と言われますが、照り付ける太陽の下、重い荷物を持って真夏の沖縄の道を歩くのはもはや自殺行為です。この経験で真夏の買い物は日が沈んだ後の夜に行くしかないということがわかりました。車であれば、時間にゆとりのある時に、さっと行ける買い物ですが、車がないというだけで、買い物に行く時間が限られてしまうことを知りました。

ある時、那覇で急なミーティングが決まり、何時ごろ来られそうですか？と聞かれました。車であれば、いつもなら早くて30分以内には行けるところですが、バスと徒歩で向かうので、多分2時間くらいみなくてはならないと伝えたところ、「え？　なんでですか？」ととても驚かれてしまいました。いつ来るかわからないバスを最長で1時間待つこと。その後バスで那覇方面まで出るのに1時間程度かかることを伝えると、「迎えに行った方が早そうですね」と笑われてしまいました。普段は車で那覇まで出かけるのに、那覇のどこだったとしても、かかっても30分程度で出られる場所に住んでいてこの状況です。もっと奥に住んでいる方々はより厳しい交通事情なのだと容易に想像できました。

この問題は、子どもたちの高校進学の際にも弊害として出てきます。高校生調査で、バス利用の状況を確認しましたが、徒歩や自転車圏内の子どもを除けば、沖縄県の高校生が通学に使っているもので一番多かったのは、保護者による送迎でした。それが一番時間が読めて、確実に早く到着するからでしょう。

バス代の高さがネックになっていることもわかってきました。子どもが高校生になると、それまでもらっていた、就学援助の制度もなくなり、さらに子ども手当も16歳までなので行政からの子育て支援がほとんど打ち切られます。高校生になったとたんにそれまで用意されていた支援がなくなり、お昼のお弁当代、通学のための交通費、と必要なお金が増加しているという状況です。定期券が買えないから、毎日10㎞を超える距離を歩いて通っているという高校生もいました。2時間かかるそうです。沖縄の夏の暑さの中を2時間歩いて通うだけで、制服は塩が浮くほどの汗をかくでしょう。学校につく頃にはびっしょりだと思います。その制服を着て授業を受け、帰りもまた2時間歩いて帰ることを想像すると言葉も出ません。

バス定期券半額支援に

早速沖縄県は高校生調査の結果を受け、ひとり親世帯の高校生のバス定期券を半額にするという支援制度を開始しました。それでもまだ対象はひとり親世帯のみです。全くないよりは助かりますが、ひとり親世帯でなくてもきょうだい児が多いなどさまざまな理由で経済的に厳しい世帯はたくさんあります。この施策は早急にもっと対象者を増やしていく必要があります。

かつては沖縄にも軽便鉄道という鉄軌道がありましたが、戦争でそのすべてが破壊されてしまいました。その後再建に向けた検討はなされていますが、いまだ実現はされていません。とは言え公共交通が整っていないことを沖縄だけのせいにしてしまうのは乱暴な話です。全国的には戦後、国鉄が立ち上がり、各方面の議員たちが地元に鉄軌道をと、公共交通を張り巡らす施策を一気に展開していきました。戦後全国でそのような動きで人々の移動の自由を国が作っていった中、沖縄県は当時米軍統治下にあり、こうした整備から取り残されていったのです。これは、果たして沖縄県だけの問題なのでしょうか。

第5章

子どもの島への願い

どこよりも子どもたちを大切にする島に

「子どもは宝だよ」

と沖縄のおばあは言います。

「あんたのご飯は食べなくても、子どもにはちゃんとおいしいご飯を食べさせてあげなさいよ」

とおじいは言います。子どもたちは、社会みんなの宝です。


「沖縄を、子どもの島にしたいんだよ」

子ども総合研究所のミーティングの際に、当時沖縄大学の学長であった加藤彰彦先生がそう言って目を細めて笑ってらっしゃいました。

「沖縄がね、今よりもさらにね、どこよりも子どもたちを大切にしている島だと、そういう島にしていきたいよね。これからもっと子どもたちが住みよい、育ちやすい、子育てしやすい、そういう環境を沖縄県に作っていけると思う。〝子どもの島沖縄〟いいと思いませんか？」

本当に素敵な提案だと思いました。


子どもたちを引き連れてスーパーに買い物に行けば、

「あらまあ、たくさん連れて。お母さんえらいねぇ。荷物もっていってあげるから、車どこ？」

とにこやかに声をかけられ、ある時は、

「おいしそうなイチゴですね」

とつい声をかけてしまった子どもに、

「そうだね、食べたいかい？」

とイチゴを買ってもらったこともあります。


子どもの笑顔がそこにあることに、みんな自然とにっこり笑顔で返してくれます。

沖縄県が子ども調査で子どもたちの暮らしの実態を把握していったことと同時に、これから沖縄県の子どもたちのためにと動き出した大人たちもたくさんいます。〝子どもの島沖縄〟になるために、私たちがこれから、何を考え、具体的に動いていくかが問われていると思います。

沖縄で暮らして

沖縄での暮らしも気が付けば、あっという間に8年の歳月が流れました。神奈川県で育った私や家族にとって、未知の領域だった沖縄県が、今ではすっかり私たちの町となりつつあります。それが早いのか遅いのか、

「私は沖縄県民です、この町の人間です」

と堂々と胸を張って宣言してよいのかどうか、正直私はいまだに判断できずにいます。この島で暮らすということは、沖縄が抱えてきた歴史を知り、今も抱える理不尽な状況を目の当たりに見て聞くことからはじまります。神奈川県育ちの私が沖縄県民であることを宣言するのは、いまだ憚られ、自信が持てません。

そんな私ですが、毎年恒例のわが町の綱曳きまつりが近づけば、自然と〝ちむどんどん〟(沖縄の方言。胸がドキドキする様)し、当たり前のように地域のみんなと稲わらから綱を編み、婦人会のみなさんが作るおそばを食し、汗をかき、酒を飲み笑い合います。この1年何してた?と近況を報告し合い、

「見ない間に大きくなったね」

と子どもの成長を共に喜び、綱を編む準備から当日まで町のみんなと思う存分祭りを楽しむのです。

これを毎年恒例の当たり前の行事として受け入れている私の心は、やはり沖縄のそれであるとも思うし、そうありたいと強く思っています。

沖縄での8年の暮らしは私の家族との暮らしの常識を大きく塗り替えました。これまでの価値観や暮らしがなんだったのか、本当に見つめるべきはなんなのかを自問自答する日々でもありました。

沖縄の子どもたち、子どもを守る大人たちとのかかわりの中で、私自身が感じたことやしてきたこと、何より今この島で日常を営んでいる子どもたちや大人たちの声をもっと広く知ってもらいたい。そうした思いも強くなりました。

私生活では、沖縄に来てすぐに夫婦間のすれ違いが起こりはじめ、しばらく後、これからはそれぞれ別の人生を歩もうと結論をだしました。一人で子どもたちを育てていくと決めた年の綱作りの時、毎年恒例のお昼のまかないそばを作っていたおばぁたちに、

「あんたちょっと裏に来なさい」

と呼び出されました。

「えー、あんた何かあたしたちに言うことがあるんじゃないの？」

「え？…なんかありましたっけ？…あたし何かしました？」

「えー、あんた!! あたしたちと会っていない間に、何か身の回りで変わったことはなかった？ 家族のこととか」

「あ、ありました…。ありましたけども…」

「あい！ あんたなに?! なんで何も言わんか!!」

「え、あの…この前、いろいろありまして一人になったんですけれども…、えっと、大丈夫です。元気にやってます。子どもたちも元気です」

おばぁたちの明らかに憤慨した様子に驚いて、しどろもどろになんとか弁解する私を、おばぁがさっと引き寄せ、そのままぎゅうっと抱きしめてきました。

「もう！ あんた！ 一人でそんな大変なことを決めてから!! なんで何も言わんか。一人でなんでもできると思っているなんておこがましい！ かっこつけるんじゃないよ、この大ばか者が」

「…………」

「もう、ほんとにあんたは馬鹿なんだから…。そういう時は頼っていいんだよ。頼んなさいよ。一人でがんばらなくていいんだよ。あんたのためじゃないさ。子どもたちのためだよ。わかったか！」

この時初めて、私は人前でわんわんと号泣しました。

これからは一人で子どもを育てていくと強い決意をして、もう弱音なんて吐いていられないと、子どもたちとどうにかして踏ん張ってやっていくと決めて封印していたはずの、ずっと我慢していた涙でした。


「ほら、もう泣いてないで、おそば食べなさい」

「あんたが好きなゴーヤーの和え物もあるよ」

「ほれ、ティッシュ、ティッシュ」

先ほどのお怒りの表情とは打って変わり、まったくもうとため息をつきながらも笑顔でおそばをよそってくれました。

「泣いてたら食べられないさ」

「いつまでも、泣いてたら子どもらが心配するよ」

「ほれ、しっかりしなさい」

とかわるがわる声をかけてくれ、背中をとんとんとさすってくれたこの時のことは、今でも鮮明に思い出せます。

一人でやっていかなくてもいいんだから、という声かけが、こんなに心強いものだったのかと、心の芯から暖かい気持ちが湧き、がんばろうと思えたのがこの時でした。


人がつながることの大切さが、今改めて見直されています。私の知る限り、まだまだここではそうした暖かいつながりが残っています。これは、沖縄の伝統を地域で守っていきたいという、継承すべきものがあることがひとつのキーになっているとも考えています。綱作りがなかったら、おばあたちと当たり前のように顔を合わせる機会もなかったからです。こうした地域の伝統文化があるところに引っ越してきたことが私にとって好運であり奇跡でもありましたが、これから、こうした地域の交流を見直すことで人と人のつながりを作っていくこともできるのではないかと思います。

ここは「命の島」です。

悲しく凄惨な歴史を包括して命をつなぐために、命を守るために、新たな今を紡ぎだすために「命どぅ宝」の精神を脈々と、細々とつないでいきます。

沖縄の子どもたちの暮らしを内地のそれと比べるべきではないのかもしれません。沖縄が沖縄であることを受け止めながら、私にできることは何かを私はずっとずっと考え続けています。

命を守りながら、子どもたちの笑顔を守りながら、あの日のおばぁのように、私の子も私の子じゃない子も、みんなぎゅうっと抱きしめて、今日も明日も、私はこどものみかたであり続けたいと思います。

子どもの島沖縄へ…具体的にできること

沖縄県が子どもの貧困問題にさまざまな対策を打ち出してから、数年が経過しました。

沖縄の独自の文化風習や、戦後にさまざまな施策から取り残されてきたことなどからも、沖縄県は、沖縄らしさを残しながら、子どもたちのためにできることに舵を切っていくべき時だと思います。

2018年6月の沖縄北方領土特別委員会で、証人として話をさせていただく機会がありました。その際にも提案しましたが、これからは沖縄県を「子どもの島」と位置づけ、子ども施策の最前線として、さまざまな新しい施策を実証実験していく場所にしていくのはどうでしょうか。

具体的な新しい子どもの施策を試すにも沖縄の子どもの人口規模であれば、可能な数字です。子どもを育てていくなら沖縄県がよいというくらいの、最先端の施策を打ち出していくこともできます。何より沖縄県の合計特殊出生率は、日本で唯一1・94（2017年沖縄県人口動態統計確定数）で、日本ではずば抜けて出生率が高く、唯一人口増ラインに一番近いところにあります。

さらに沖縄県は、他県と隣接していないので、この道路を挟んだ向こう側では施策の恩恵に預かれて、という境界線問題も起こりません。

子どもを育てていく上でかかる教育費用は全国ほぼ変わりません。もっと具体的な数値をもって子どもを育てていく費用を算出し、それらの費用を無償にしていくなどの思い切った施策を展開すべきです。

学校現場であれば、入学が決まったら、私物として用意するものが全くないような仕組みにしたり、部活動にかかる費用は、学校がすべて用意するような教育費用の増加を図ったり、通学にかかる費用はすべて県が負担し、子どもたちは自宅の場所に関わらず、交通費の心配をすることなく進学先が選べる仕組みにしたり、やろうと思えばできることはたくさんあります。まずは沖縄県でこうした子ども施策を試してみて、効果測定をし、効果があった施策を全国に展開していく、という視点で取り組んでもよいはずです。

子どもたちの口腔崩壊の記事がある時新聞に掲載されていました。歯科検診をして、虫歯治療の案内を何度も出しているけれど、なかなか治療してもらえず、果ては口腔崩壊してしまっていて、ごはんすら噛めない子どもがいる、といった内容の記事でした。この記事一つでも、子ども支援の在り方を考えさせられます。まず、子どもに持たせた虫歯治療のお手紙で、一般的には歯科医に連れて行くだろうという思い込みがそこにはあります。

確かにその通りでもあるのですが、共働き世帯が増えた今、子どもたちは学校が終わったら学童施設に行っていたりして、帰宅するのは18時、19時であることがざらです。それから歯科医に通うとなると、その時間に開いていてかつ予約が取れる歯科医ということになります。

19時以降に営業している歯科医がどれほどあるのでしょうか。さらにいえば夜間遅くまで開いている歯科医は人気です。大人も仕事帰りに通えるので、夜の時間帯はすぐに予約で埋まってしまうでしょう。小さなきょうだい児がいるようなおうちだったら、19時から歯科医に行って、治療をして、自宅に戻るのが20時を回ってくると、夕飯の時間を逃してしまいます。それから夕飯の支度をしてお風呂に入り、翌日の仕度をし、と考えると、この時間帯に動くことの難しさも少しは想像できるのではないでしょうか。土日に行けばいいじゃないかという声も聞こえてきそうですが、週6日勤務がまだまだ多い沖縄県です。普通に考えても土日も予約はすぐに埋まってしまうので、難しいだろうなと容易に想像がつきます。

保護者に手紙で伝えたんだから、治療してあたりまえだという根本的なところから見直していかなくてはならないのです。例えば、保育や学校現場で歯科検診をするのであれば、そのまま介護等で必要にかられて新しくできた訪問診療の形を転用するなどし、放課後や休み時間に保育施設や学校内で治療ができる仕組みを作ってもよいのではないでしょうか。いつまでも治療がされないんです、と憂いているばかりでなく、なぜ治療ができないのか、どうしたら治療ができるのか、と視点を動かして、新しい支援を考えていくことが大切です。私たち大人が丁寧に考え工夫していくことができれば、新しい仕組みを作ることで、具体的にできる支援がたくさん増えていくのです。

沖縄県が独自に打ち出してきた施策も画期的なものが多くあります。高校生の定期代の半額もそうですし、大学進学のための給付型奨学金の制度もそうです。さらに私たちは、それでも零れ落ちてしまう子どもたちがいないか、しっかりと子どもたちの実態を把握して、「誰一人も取りこぼさない」ことに向けて、思考を巡らせていかなくてはなりません。

沖縄県子ども総合研究所から、「こどものみかたプロジェクト」へ

私は沖縄で５人の子どもと暮らしている、ただのお母さんです。

ただのお母さんがここ沖縄で、子どもたちを育てながら、日本中の子どもたちと、子どもを育てるすべての方々の笑顔のためにできることをしようとおこがましくも思ったのが、すべてのはじまりです。

私自身、父子家庭で育ち、複雑な育ちの中でさまざまな思いを重ねながら、たくさんの人に助けられながら、ここまでなんとか笑顔を守られて育ってきました。それを継続して次へとバトンを渡して行きたいのです。

親との関係性が悪ければ、親でない誰かの存在がその子の支えになります。家庭環境が複雑ならば、周囲の人のサポートがあれば、困難な状況もなんとか潜り抜けられるという経験を自らたくさんしてきました。それは時に、学校の先生だったり、近所のおばちゃんだったり、親戚のおばさんやおじさんだったりしました。

思春期には、気を許せる友人だったり、多感で不安定だった頃にそばで寄りそってくれた彼だったり、それは年齢や場面によりさまざまでした。その時々で私を支え、当時、吹けば飛んでしまうと思っていた私の命を、今につながるよう守ってくれた人たちがたくさんいたということです。

こうした関係は今も続くものや続かなくなってしまったものがありますが、いろいろな出会いと別れの中で、楽しい時はもちろんのこと、辛い時、苦しい時、寂しい時、自分の生きている意味がわからなくなってしまった時、私という存在を丸ごと受け止めてくれる信頼できる誰かの存在があったからこそ、自分だけでは守り切れなかった生き抜くための芯になる笑顔を守ってくることができたのだと思います。これらはすべて私の育ちの中で培ってきた大切なものたちです。

こんな複雑な思いと育ちをかかえながら生きてきた私が、お母さんになり、生まれ育った関東を出て沖縄に移住し、自身の子どもを育てながら、こんな私だからできることがあるのではないかと日々模索する中で立ち上げたのが、沖縄県子ども総合研究所です。

沖縄県で暮らしながら、沖縄県の子どもたちの生活を丁寧に紐解いていったのが「沖縄県子ども調査」でした。

子どものことを考える大人が沖縄にも世の中にもこんなにたくさんいるよ、と子どもたちに届けたい、子どもたちの声を丁寧に拾い上げ、きちんと根拠をもって行政に届けたいという思いが、研究所のはじまりでした。

一地域研究所の研究者程度の、ただのお母さんの私に何ができるのか、という迷いや葛藤がなかったわけではありません。「そんなあなただからこそできることがあるんだよ」

と励ましてくれた加藤彰彦先生に支えられ、あなただからこそできることをやっていこう、やれることがあるはずだと、時に議論を超えた激論を重ねながら一緒に立ちあがってくれた沖縄市子ども施策研究会の鈴木友一郎さん。

子どもたちのためにできることを、とにかくやれることからやっていこうと立ち上げに悩み戸惑う私の背中を押してくれたのは、自身の教員経験を振り返りながら日々未来の子どもたちのためにとさまざまな活動に尽力なさっておられる沖縄県民間教育研究所の長堂登志子先生でした。

さらに私の散らかる思考と行動を、暖かく支えてサポートしてくれた渡久山泰子さん、現場が大好きなのに子どもたちのためになるならと調査を一緒に担ってくれた平林勇太さん。こうして私一人の思いではなく、たくさんの人たちの支えの中で、一念発起して立ち上げた研究所でした。

研究所の活動を通じて、世の中の仕組みをより具体的に知る機会が増え、もっと深く世の中を知りたい、児童福祉を知りたいという欲求が爆発的に増えていきました。

元来私が持っている得意の好奇心とオタク力を発揮し、専門領域の研究者の皆さんや現場の皆さんと日々意見を交換繰り返し、足りない知識に対して日々勉強、子どもたちのためにと奮起して日々向上の毎日を繰り返していきました。

知りたいという気持ち、人にわかってもらいたいという欲求がこれほどまでにエネルギーとなり、具体的な活動に転じていくことを身をもって知りました。

ただの研究者かじりの普通のお母さんの私が、社会を変えていくために何ができるのかを考え、あがき、もがき、時に投げ出しそうになり、逃げ出しそうになりながら涙し、それでもなんとか立ちあがってこれまでやってきました。弱音を吐いたことも多々あります。

もう無理だ、社会なんて変えられないと、泣き言を言ったこともたくさんありました。

それらもすべて含めて、今私が思うこと、してきたことを伝えていくことで、何かに思い悩み、社会に向けて何かできないか、子どもたちのために何かしたいという誰かの背中をほんの少しでも押すことができたら、と願っています。

「子どもの権利」広めるライフワーク

行政が実施した調査からはじまった沖縄県子ども総合研究所は、その役目の大半を終えました。今現在は、調査業務から少し離れて、新たに「こどものみかたプロジェクト」という組織の中の研究機関として、市町村の子ども関連施策の検証や、制度の提案等を行っています。「こどものみかたプロジェクト」は、「子どもの権利」を大切に守る社会を作っていく子どものすべての問題に取り組むプロジェクトです。

私自身は今は主に、制度の狭間にこぼれてしまう子どもたちのための、民間の子どもシェルターを運営しています。

そして県の次は、実際に施策を動かしていく基礎自治体となる市町村とコミュニケーションを取りながら、「子どもの権利」を広めるための活動をライフワークに日々を過ごしています。子どもシェルターは、24時間開放型の、支援を必要とする子がいつでも来られる仕組みを導入しています。

〝すてっぷはうす〟～制度のはざまの子どもたち

「あいさん、助けて!! 彼女が死のうとしている!」

叫び声にも近いその電話は、今まさに崖の上から飛び降りようとしている彼女の友人からの着信でした。

「私なんて生きている意味がないから……もう死ぬね」

そうつぶやいた彼女は、友人たちが止めるのも聞かず、あっという間に高いところに上ってしまい、柵を乗り越えてしまったそうです。そんな今にも死んでしまいそうな彼女を前に友人たちが助けを求めて電話をかけてきたのでした。

「電話をスピーカーにしたら、彼女まで聞こえるかな？」

「やってみます」

かけてきてくれた電話をスピーカーにしてくれたので、彼女に声をかけました。

「聞こえるー？　おーい、どうしたー？」

「…あいさん…もう、だめ、死ぬ。もう嫌だーーー」

「どうした？……なにがあった？」

「もう、あたしなんて生きてる意味ない。怖い、もう嫌だ」

「今、行くよ。どこにいるの？」

「いいよ、もう。これ以上あたしがいると迷惑かけるから」

「行くよ。今行くよ。死んだら会えないよ。今行くから、待ってて」


泣きながら死にたいと訴え続ける彼女に、ゆっくり落ち着いて、なんとか今会いに行きたいと伝え続けました。


「もう……助けて……助けて……もう、助けに来て……」

「うん、うん。助けに行くから。待ってて。必ず行くから」


友人たちに、電話をくれたことを感謝しながら、私が到着するまで彼女のことを近くで見守ってもらうことを約束してもらい、急いで、彼女のもとへと車を走らせました。

教えてもらった場所まで数時間かけたどり着いた時、そこには誰の姿もありませんでした。

「どこにいる？　来たよ」

電話をかけると、止まっていた車から、彼女が飛び降りてきて、裸足で駆けてきました。
そのまま私に飛びついて、抱き着いてきた彼女は、
「本当に来た！　来てくれた！」
と号泣していました。

「うん、来たよ。約束したでしょ。会いに来たよ。迎えに来たよ」

そういうと、彼女は何度もうなずきながら、涙を流すのでした。

「一緒に帰ろう」
「うん。もうおうちには帰りたくない」

「そうだね。新しいおうち、作っていこうね」

死にたいと叫んでいた彼女は、保護者からの執拗な虐待にあっていました。過去には身体的に、現在は言葉の暴力に責められ、自分が生きている意味や自己肯定感を完全に奪われてしまっていたのです。私たち「こどものみかたプロジェクト」が、子どもたちのための緊急保護施設を民間で立ち上げたのは、この事件がきっかけでした。

たとえば過去に心身ともに壮絶な虐待経験のある子でも、今現在そうした状況になければ、保護施設に入所することはできません。当時、相当ひどい身体的虐待を受けて、その傷跡が残っていたとしても、今現在そうした状況でなければ、緊急措置を取ることが難しいのです。

公的な制度の狭間になってしまう子どもたちがいることを知った私たちは、いずれこうした施設が必要だとずっと考えてきていました。

子どもたちは、今はそのような状況になかったとしても、いつまた酷い暴力にさらされるのかわからない中、親の顔色を窺い、怒らせないよう、怒られないよう毎日を戦々恐々と過ごしているのです。

場合によっては、保護者への不信感から、素行不良という形で、そうした現状に抵抗しようとする子も出てきます。様々な形で子どもたちに影響を及ぼす虐待ですが、私たちが関わってきた多くの子が、当時リアルタイムではその事実を告白できずにいたこともわかりました。

それは、親を悪く言うことへの後ろめたさや、告白することでこれまでの暮らしや家族がすべて崩壊してしまうのではないかという不安、話をしても誰も助けてくれないんじゃないかという絶望の気持ちから来たものでした。

「まだ小さいきょうだいがいたからさ。自分さえ我慢したら、そっちに手出さないさ。」
「あんな親でも親だから、いなくなったらどうなるかわからんし」
「子どもだけじゃ暮らせないから、殴られても我慢した」

など、その時をなんとかやり過ごし、多少年齢が上がってきて、今だから話せるようになったのか、過去の話として当時の話をしてくれるということがわかってきました。

そうして話してくれた「過去の体験」は、今の法律では保護対象にはなりません。加害親のところで、いつまた怖い日が来るかわからない毎日をどんなに過ごしていたとしても、今現在実際に暴力が振るわれ、ケガをしてしまうまでは、ルール上よっぽどのことがない限りどうしても保護することができないのです。

性的虐待などはその最たるものでした。性的虐待経験のある子どもたちは、虐待を受けている当時は声も出せず、行われていることがなんなのかわからなかったし、お母さんには絶対に言うなと言われて怖かったし、人に話してはいけない話だと思っていたし、誰にも相談なんてできなかったとも話してくれました。

思うままに過ごせる場所

〝すてっぷはうす〟に入居した彼女との暮らしは、まずはとにかく一緒にいることからはじめました。

のんびり、のんびり、ここが安心していられる場所だと心から思ってもらうために、彼女の時間にあわせてすべてのことを決めていきました。

眠たくなったら眠って
食べたくなったら食べて
話したくなったら話す

会話が途切れるのを少し後ろめたく思うのか、「音楽をかけよう」と提案してきた彼女は、彼女が好きな歌をたくさん流してくれました。

「この歌のね、歌詞がめっちゃいいんだよ」

なんとなく二人で横になりながら、流れている音楽に耳を澄ませます。気分転換のドライブの際も、お気に入りの曲を流すことが定番になりました。話をしなくていい時間がたくさん流れました。そうして何もせず、ただただ一緒に、思うままに過ごすのんびりとした長い時間を超えた時に、彼女はようやく頑丈に固めていた自分の殻をひとつ破って、新しい暮らしに一歩を踏み出していけるようになるのです。

「あたしもママって呼んでもいいの？」

他にもサポートしている子どもたちが私のことをママと呼ぶのを聞いていて、ある時から彼女も私をママと呼ぶようになりました。

ママって呼ばせてしまうのは違うんじゃないか、という意見もありましたが、彼女たちとの関係は、呼称で左右されるようなものではないと思っています。

自分の親が誰であるかは本人が一番わかっています。私のことをママと呼んだとしても、本当のお母さんではないと一番わかっているのは誰でもなく彼女たち自身だからです。

自分ととことん向き合ってくれる
不安で仕方がない時に抱きしめてくれる
一緒に泣いて、笑って、
一緒に添い寝しておしゃべりして、
とんとんしながら寝てくれる

彼女たちは、今までずっとそうであってほしかったことをしてくれる人のことを「ママ」と呼ぶだけのことです。私は、ただただ彼女たちの望むままにしていくだけ。そう思って彼女たちと向き合っていきました。

眠れない夜を超えて

「助けてほしい」と初めて声を上げた彼女は、〝すてっぷはうす〟に来てもしばらくの間は、夜が怖い、と毎日うなされていました。

そんな眠れない夜には朝まで話し込んだり、一緒にＤＶＤを観たりして、日々を重ねていきました。そうして少しずつ少しずつ、彼女のペースで話してくれるこれまでの経験をぽつりぽつりと聞き取っていきました。

「あのね、お前なんて仕方がないから産んだんだよって言われたんだよ。ちっちゃい時からだよ。ずっと言われてたから。だったらもうさ、あたしが死ねばいいんじゃんって思った」

「夜になるとさ、またなんかされるんじゃないかって思い出して怖くなって眠れない」

「お母さんが守ってくれると思ってたけどダメだった」

「あたしはいらない子なんだと思うんだよね」

「みんなに迷惑かけるから、あたしなんていないほうがいいとか思っちゃう」

「悪いこともいっぱいしたよ」

「前の私にあったらびっくりするんじゃない」

「親なんていなかったらよかったのに」


私はただ「うんうん、そうか。」と話を聞くことだけに専念しました。

こうした日々は、今までずっと心に蓋をして、なかったことにしたかった自分のされてきたこと、してきたことをちょっとずつ話をすることで、彼女の中のなにかを溶かしていく作業だったのだと思っています。

ようやく彼女が夜一人で眠れるようになったころ、彼女の一番の悩みは、家に残してきたきょうだいの問題でした。

「きょうだいもここで暮らすことはできないかな？」

「どうかな、小さいきょうだいだと、ちょっとむずかしいかな」

「あたしがいなかったらどうなるのか、そこが本当に心配なんだよね…」

「下の子どもたちには手を出したりはしてないの？」

「うん。チビのことはかわいがってるから、手は出さないよ」

「そうか。何が心配？」

「あたしが稼いでこないと、制服が買えないから、学校行かせんって言ってたし」

「え…」

「お前のせいで妹たちが学校いけんくなるからな。部活も辞めなきゃいけなくなるからな。それでもいいのかって言われた」

「そうか…それは心配だね」

「うん。ほんとに部活も辞めさせそうだし、制服とかも買わなそう」

「ええ。そこは、おねえちゃんがいなかったらなんとかしたりしないの？」

「しないだろうね。ほんとに。仕方ないから帰ろうかな」

「こっちで生活するの嫌？」

「ううん。こんなに安心して過ごせるのははじめてだけど、きょうだいのことが心配でさ」

「そうだねぇ。でもまずは自分自身がしっかり安定していかないときょうだいのことも助けてあげられないもんね」

「うん……。そうだよね。とりあえず手は出さないから大丈夫とは思うけど、仕事できるようになったらすぐ働いて、きょうだいのためにお金入ったらあっちに送らなくちゃ」

「そうか。でもさ、稼いだお金は自分のことからやっていっていいんだよ」

「ううん。まずはきょうだいたちのお金やってあげないと。部活やめさせられたらかわいそうだし、制服間に合わないのもかわいそうだから」

「そうか。わかった。とりあえず少しずつがんばっていこうね」

「うん！　あたしは大丈夫だから!!」


そう言ってにっこり笑う彼女は、自分のためのことはいつも後回しにして、きょうだいのことばかりを考えていました。

「あたしばっかり幸せになったらいけないかなって思って」

自分に暴言や暴力が向けられているうちは、きょうだいには向かないからいいんだと笑って話し、自分を大切にするということがどういうことなのか全然わからないんだよねと舌をぺろっと出して苦笑いしていました。

制度の狭間の子どもたち

全国的にも子どもへの虐待が問題となり、虐待防止法案の制定などの取り組みも始まりました。しかし、全国どこも児童相談所は対応に追われ、現状の支援が間に合っていないような状況です。

現在虐待にあっている子の支援も間に合わない中、制度の狭間になってしまう子どもたちの支援ができるはずがありません。

沖縄県では２０１５年から、県内の弁護士が中心となり、民間の子どもシェルターが立ち上がりました。しかし沖縄県の現状を見ると、それだけではまだまだ子どもたちの窮地を救うには数が足りないのが実情です。

そんな中、私たちの運営する〝すてっぷはうす〟を含め、県内に民間有志が立ち上げたシェルター対応型子どもの居場所が増えてきています。

保護者からの暴力や暴言だけでなく、性的被害があったことを、保護してからしばらくたって、ようやく話してくれた子。

手に負えない不良だと言われていた子が、そうならなくてはならなかった背景。

一度児童相談所に連れていかれたけれど、なんでそこに行ったのか説明されないまま不安で不安で仕方がなくて、怖くて嫌で逃げ出したと話してくれた子。

制度上で決められているからと、嫌だと言っているのに保護者のもとに戻されてしまった子。

加害親が行政の前では反省したそぶりを見せ、家に帰ったらいつもの倍怒鳴られ殴られた経験のある子。

もっと大変な子たちがいるだろうから、自分はきっと施設とかには入れないと最初からあきらめていた子。

どうせ誰も自分に関心なんてないんだから、適当に暮らしてそのうち死ねばいいじゃんと、自分の人生をあきらめでいっぱいにしていた子。

家に帰ると殴られるから、と公園や友だちの家を転々としていた子。

子どもが子どもを呼んできて、私たちは様々な子どもの歩んできた人生を聞いてきました。ここに来る子はみな一様に制度の狭間で、支援には繋がらなかったか、支援と繋がってもそこでの暮らしを受け入れられなかった子どもたちでした。

子どもを守るために、こうした制度の狭間を埋めていく必要があります。ですが、制度が大きく転換していくには時間がかかります。その間、子どもの声を聞くことのできる大人たちが、子どもが安心して過ごせる場所を作っていくしかないのです。

子どもたちとつながること

なんとかしたいと思っている大人たちが次々に立ちあがっている中、これまで公的な支援も受けられなかった子どもたちにとっては、もう自分を救ってくれる大人なんてないと思い込んでいることが多く、こうした民間の施設のことも情報として入ってきていません。すべての子どもたちが安心して毎日を送れるよう、なんとかしていきたい。そう思っている大人たちがこんなにいるということを知るだけで、今厳しい状況にいる子どもたちは、ほんの少し希望の灯りがともることでしょう。

行政の制度だけでなく、子どもたちが暮らす地域や民間に、こうした子どもたちを応援する団体や施設があるということを、どうやって子どもたちに知らせていくかが課題になっています。

私たちの〝すてっぷはうす〟につながってくる子どもたちは、子どもたち自身の口コミやＳＮＳなどを通してつながってきています。

大切なことは子ども自身が決める

〝すてっぷはうす〟の利用制限は基本的にひとつです。

〝すてっぷはうす〟に来ることを子ども自身がきめること。

子どもの支援をするにあたり、関係する大人たちが集まってこの子を今後どうしていくべきかという検討会議が開かれます。

ややもすると、この時この子の今後は、大人側にゆだねられてしまうことが往々にしてあります。会議の際にも、〝すてっぷはうす〟を利用させてもらえないか、という大人からの問い合わせの際にも必ず伝えているのですが、〝すてっぷはうす〟の利用は、基本的に子ども自身がここに行きたい、ここに助けてもらいたい、と決めた場合のみとしています。

子どもたちの声を拾っていく中で、なんだかわからないうちに児童相談所に連れて行かれて今日からここに住むからね、と事情も説明されなかったという話は結構聞きました。

家族の中で虐げられ、大変な目にあっているところを救うからと言って、この子の人生が大きく変わる節目への不安を増長する行為だと思います。

まずは助けることからという話であることは承知の上で、私たちは必ず本人の意思をきちんと確認し、自分で決めたと納得してもらうことを条件にしています。支援の様々な場所を提示して選択肢を用意したうえで、行きたくない場所にはいかなくてもいいとも言ってあげます。

これに顔をしかめる方もおられますが、子どもの人生が変わる時に、その決定権が本人にまったくないことの方がよっぽどおかしいことです。

人生の大切な岐路を、大人たちが一緒に考え、最終的には本人自身が選択する。その選択が間違っていたら、また次の選択肢を用意し、改めて本人と一緒に考える。大変ですがこのステップを丁寧に踏んでいくことが大切なのです。

先日、行政経由でシェルターに入居してきた子が、移動する車内でぽつりとつぶやいていました。

「本当に自分で決めていいんだね。前にいったとこ、もうここしかないから仕方がないって言われてたけど、そんなことなかったんだね」

子どもを動かすためによかれと思って言った言葉だったのだろうと想像はできますが、ここしかないと言われて、そこでうまく過ごせなかった自分は、もう次はないんだと思い、絶望しかなかったし、もうどうにでもなれ、と人生あきらめたと話してくれました。

子どもの権利条約には、「子どもの意見表明権」があります。

子どもの声をきちんと聴きながら、これからの暮らしについて一緒に考えていく。それが〝すてっぷはうす〟の取り組みです。ルールはありません。子どもたちと一緒に決めていきます。助けてほしいと声を出せたことを一番に尊重し、子どもたちの心の紆余曲折に付き合い続けます。そうして、たくさんのおためし行動を一緒に乗り超えて、ここにいてもいいんだと子どもたちが思った時にはじめて、ようやく自分は生まれてきてよかったと思えるのです。

大切なことほど、子どもたちが決めていくのです。私たち大人は人生の先輩として、ほんのちょっとの助言と背中を押すお手伝いしかできないと思っています。

本来であれば、加害親との接触は控え、距離を取ることを第一にするような場面でも、どうしても親と連絡を取り合うことを私たちは否定しません。その気持ちを押し込めてみないようにすることはできても、無くすことはできないからです。

そうすることの代わりに、彼女や彼らが、本当は親から愛されたいと願う気持ちを打ち砕かれたときには、私たちは必ずそばにいてあげる約束をし、彼女たちの好きなように動けるようサポートします。

ある時、実のお母さんに電話をした彼女は、

「てへへ。やっぱり駄目だったや。私のママはママだから、もう大丈夫だけどね」

そう言ってぎゅっと私にしがみつきながら悲しく笑いました。

「やっぱりどこかでね、ちゃんと愛してくれるんじゃないかって期待しちゃうんだよね」

私たちは、彼女がやっと声に出せるようになったこの本音を丸ごと抱きしめて、一緒に泣いて一緒に笑いあってすすんでいきます。

子どもたちが自分で自分のことを決めながら、徐々に自分の心と真正面から向き合って

いく姿はまるで、階段を行ったり来たりしながら右往左往しながら進んでいくようで、そっちじゃないよと声を出したくなります。ですが、私たちはそんな彼ら彼女らの姿をただ見守り、時に抱きしめて勇気づけて、日々をすごしていくのです。大人側の忍耐力も大いに試されます。

子どもが決めた大切なことに間違いがあっても、私たちが手を離すことなく変わらずここにいること。それが、本当の意味での彼らの自立につながっていくと、私たち大人が心から信じて向き合っていくことが大切です。

「ママにあえてよかった。あたし生まれてくるところ間違えちゃったみたい。がんばるね」

えへへ、と笑う彼女をぎゅっと抱きしめて、

「何かあったらいつでも帰ってきていいからね。いってらっしゃい」

と〝すてっぷはうす〟につながってから約半年で彼女は自立していきました。

彼女は自立した後、彼女のことをずっと見守ってきてくれた彼と結婚し、いまでは一児

のお母さんです。5時に起き、夫のお弁当を作り、子育てをしながら、たまに近況報告の連絡が届くのです。

そうしていつも必ずこう言ってくれます。

「ママのところに来る子のことであたしに手伝えることがあったらなんでも言ってね！」

あの時死にたいと叫んでいた、助けてほしいと叫んでいた彼女が、こうして笑顔で私たちの活動のサポートを申し出てくれるようになったことを本当にうれしく思います。誰一人も取りこぼさないとはこういうことなんだと実感します。

一歩を踏み出した彼女が悩んだ時、悲しい時に帰ってこれる場所をしっかり守っていくためにも、改めて私たち大人ができることをしっかりしていかなくてはならないと日々決意を新たに、子どもたちの相談に支援に奮闘し続けています。

児童養護施設出身で成人後、頼るところがなく、さまざまな人生相談にやってくる子もいれば、虐待経験から、家庭から逃げ出し、住む場所がない子が共同生活をしにやってきたりもします。壮絶な生い立ちで、自身の精神に不安定さをきたしたし、それでも生きたい、助けてと涙ながらに助けを求めてきた子を連れ出したこともあります。

次々に子どもたちへの支援策は打ち出されていきますが、まだまだ制度だけでは救いきれない子どもたちが、私たちの知らない所にたくさん隠れているのです。かつては自分自身の居場所がなく、街を徘徊する子どもだったからこそできることがあると信じています。本当は誰かに気持ちをわかってもらいたいと思いながら本音を話せずにイイコでい続けた私だから、わかりあえることがあると思います。

私のところにやってくる子どもたちから、「ママー、あのね」「まみこー、聞いてよー！」「あいさん、あのね」と話しかけてくる笑顔の裏に持っている悲しい過去と、傷つけられた心を少しでも癒していける安全地帯になりたいと願っています。

「命どぅ宝」の精神で

沖縄は、熱い島です。熱くて強くてはかなくて悲しくてそれでも明るくて強い島です。この熱い島は、命の島です。命のはかなさ、弱さ、人間のもろさを、戦争という歴史の中で身をもって体験してこられた方々が守ってきた島。そんな島だからこそ、「命どぅ宝」

の精神を今もなお引き継ぐ人々がここに集ってきています。

子どもの命を守りたかった、たったそれだけのことが成し遂げられなかった沖縄の悲しい歴史を繰り返さないためにも、今私たち一人ひとりが、子どもたちのために考え動き出さなくてはなりません。それは、専門家だから研究者だから、特別な人だからできることではないんじゃないかと信じています。

この島を「子どもの島」と呼びたい、呼べるようなところにしたいという熱い思いを語ってくださった加藤彰彦先生の思いと、この島で子どもを育てるただのお母さんが奮闘してきた日々の思いがみなさんの元へ、子どもたちのあふれる笑顔にかわって届きますように。

こどもの島への提案～
子どもの島にするために実行すべき具体的施策

子どもの島とは、全国一子どもが育てやすい島です。

経済的なことを理由に子どもを産むことに躊躇することなく、安心して子どもを産み育てることができる島です。すべての子どもたちが本当の意味で誰一人として取りこぼされることなく、健やかに笑顔で成長していける、そんな島です。

沖縄県が「子どもの島」になるためには、今以上に具体的な子育て支援策の充実をはかる必要があります。

子どもの貧困問題を抜本から改善していくためにも、現在県が取り組んでいる子どもの貧困対策の施策に加え、さらに踏み込んだ支援策で暮らしを支えていかなくてはなりません。

そこで、沖縄県を子ども・子育て支援の特別区に位置づけ、全国に先駆けた新たな施策の検証地とするのはどうでしょうか。

沖縄県は島なので、他県を特別区とした場合の、「隣の県だけずるい」などの境界線問題も起きません。また、子どもの貧困率が全国一高い沖縄県で新たな施策を展開すればこそ、その施策の効果検証もいち早く見ることができます。

効果をきちんと実地検証することで、その結果をきちんと踏まえた、より良い支援策を構築していくことができます。これらの検証をもとにして本当に効果のある子育て関連の支援策を全国的に展開していくことができるようになるのです。

子どもに直接関連する支援策3つ

①子ども交通費無料

沖縄県は公共交通が限られているため、移動手段が自家用車に絞られてきます。子どもの貧困問題でも経済状況により格差が言われる体験経験欠落の観点からも、移動手段を子どもたちが自由に確保できることは、大変重要だと考えます。

そこで、県内の子どもの交通費の完全無償化を実施してはどうでしょうか。県内のモノレールとバスを完全に無償化にすることで、子どもたちの活動範囲は格段に広がります。高校生にいたっては、進学先の選考にも大いに影響することでしょう。

現在沖縄県がひとり親世帯の高校生にバス定期県の半額等の支援策を打ち出していますが、もう一歩踏み込み、子どもたちがバス利用を日常化することで、バスそのものの利用者も増えることで、よりバスが便利に運行できるよう充実していくことになり、結果県民のバス利用も増える施策となります。

②教育費用の完全無償化

現在義務教育と高校の授業料は無料となってきています。しかし、ランドセルや学用品などの費用は自己負担となっています。給食費を含む月々の実費も含むと、義務教育であれ教育は無料とは言い難い状況です。

少なくとも義務教育は完全無償化とし、学校に通うための費用が完全にかからない施策は、すべての子どもが安心して学校に通えることの実現でもあります。

義務教育は無償なのにも関わらず制服の心配や、修学旅行費用、行事費、ランドセルの準備で子どもたちが安心して学校に行ける準備ができていない現状を早急に改善すべきです。

学校で使用する鉛筆や消しゴム、ノートや定規、コンパスなどの細かな備品もすべて学校側で用意し、家庭で学用品を用意する必要がないよう徹底して良いと思います。

サイズに合った新しい体操着を購入することができず、それを先生に言い出せず毎回体育の授業の際には「忘れました」とごまかし続けていた生徒さんがいたこともありました。体操着なども、学校指定の既定のものではなく、動きやすい服という簡単なルールにすることで、通常の衣類より高い学校指定の物を購入する必要がなくなり助かります。できれば体操着なども学校で用意し、まとめて洗う仕組みなどを考えても良いと思います。

中学校になると本格的な部活動もはじまります。部活動で使用するユニフォームや備品なども学校所有とし、基本は必要な道具を個人で購入しなくても参加できるよう整える必要があります。個人もちが必要な道具を要する部活動の場合は、部活動支援金の制度を新たに設け、申請をすることで購入費用をサポートする制度があれば、家庭経済に影響されることなく本当の意味での子どもたちの視野と選択の幅が広がっていきます。

③チャレンジ制度の導入

家庭経済の差異により、学校外の習い事などの実施状況も異なります。子どもたちが自分の知見を広げるため、自身の好きなものに取り組みやすくするために、子どもがやってみたいと思う習い事などへの参加を自由にできる「チャレンジ制度」の仕組みを導入してはどうでしょうか。

子育て世帯を支援する施策3つ

④子育て手当の増設

県民所得が低い沖縄県であることを踏まえ、子育て手当の増設をしていきます。沖縄県は、全国一出生率も高いため、少子化対策としても有効となることを視野に入れ、フランスなどの子ども手当をモデルとし、多子であることでより手当が充足していく仕組みを導入していくべきです。

安心して子どもを産み育てていくために、子どもを育てていく上での生活費の算出も同時に毎年実施していくことが必要でしょう。消費物価や子育てにかかる実際の費用をもとにした生活費をきちんと算定することで、子どもを育てるための必要な費用が明確に見えるようになります。漠然とした生活費用ではなく実態に即した場合の手当の在り方を検証していく事が可能になります。

⑤子育て生活（住宅・車両保持）支援

子育て世帯に対し、賃貸住宅の家賃の一部を保障する制度は公務員にはすでに導入されています。民間企業に勤めている人々にも公務員同様の支援制度を導入する提案です。生活の基礎となる衣食住がきちんと確立されることは、子どもたちが健やかに育つ基礎の基礎です。年々地価が上昇しており、賃貸物件の家賃も少しずつあがってきています。所得の向上は今すぐ難しいので、こうした生活に即した支援をいち早く導入し、安心して暮らしていける基礎作りが重要になります。

子育て世帯の生活全般を支援するという意味で沖縄では移動手段として欠かせない車輌の

取得時にも新たな助成制度を設けます。さらに、維持費の支援として重量税の子育て割引き制度とガソリン税の免除を導入しすべての子育て世帯の移動の自由を確保します。

⑥子ども医療費の完全無償化

18歳までのすべての子どもの医療費を完全無償化します。調査では、経済的状況により、歯科を含む子育て世帯の医療抑制があることが見えてきていました。医療費の心配をすることなく、いつでも病院を受診できるよう、制度として整えます。

歯科受診の学校治療制度も同時に導入し、齲歯の発見と治療を迅速に行います。子育て中に経済的な事情により子どもが医療にかかることへの躊躇を徹底して無くすことで、様々な疾患への早期発見、治療を一般化していきます。

この他にも、子どもを育てていく上で、ネックになっていることはたくさんあると思います。それらをひとつひとつ丁寧にクリアにしていくことで、必要な支援を必要なところにきちんと届けていくことができます。全国的に導入する前の段階で沖縄県で様々な子育て支援策をモデル的に導入し、効果ある施策を全国へと展開させていくのです。

子育て期間は待ったなしです。施策を検討している間に、その子の「困った」の期間は終わってしまうことも多々あります。まずは目の前の今困っている子どもたちをしっかりと救い出すことが大切です。

全国のどこよりも厳しい状況である沖縄県が、今困っている子どもや保護者のためにリアルタイムの子育て支援をはじめていくことにこそ、全国の子育て支援に向けた大きな意味があるのです。

子どもを産むことがハンデになってしまうような今の社会で、子どもたちがのびのび健やかに育つことなんてできません。今のままではいけないと多くの人が思っていることでしょう。であるならば、今こそ変わっていかなくてはならないのです。

沖縄県は、全国の子どもたちの笑顔のために、全国の子育てに悩む皆さんのためのモデル県となっていける素地を持っています。

日本の子育て支援は「沖縄」から発信していく。

沖縄の「命どぅ宝」の精神を、今こそ全国に響き渡らせる時ではないでしょうか。

こどものみかた〜おわりにかえて

子どもたちの生の声を現場で聞き拾ううちに、子どもたちにとっての本当の意味の心の拠り所が必要だと痛感しました。

何があっても変わらずにいてくれるところ。

それは一般的には両親からの無償の愛という抽象的で情緒的なものであるのかもしれません。弱音を吐きたくなった時に、ふらりと立ち寄れる実家なのかもしれません。

そうしたものがなかった場合の子どもたちの心の安寧はいったいどこにあるのか。

それは、私の子ども時代の振り返りでもありました。

「ただいま」と家に帰っても誰の返事もない家の代わりに、私が「ただいま」と毎日声をかけていたのは、近所の文房具屋さんでした。

家じゃなくても、親じゃなくても「おかえり」とかえってくる声にどれほど安心したか。

親がいないから不良になるという世間の声に、負けてなるものかと歯を食いしばって過ごした中学時代。何も悪いことをしていないのに、私の養育環境を指摘しながら何か悪いことをするに違いないと決めつけてきた先生からのあまりにもひどい仕打ちと、そんなことはないぞと見守ってくれた別の先生の存在。これらの私自身の経験の一つひとつが、今子どもたちと向き合う基礎となっています。

「こどものみかたとはなんですか?」

そう聞かれたら迷わずこう答えます。

「子ども100%性善説でいることです」

たとえ今、どんなに素行が悪かろうが、態度が悪かろうが、ルールを守れなかろうが、約束を守れなかろうが、すべての子どもは善であると心の底から信じられること。

それが「こどものみかた」の基礎です。

今社会は規範とルールと普通であることでがんじがらめになっています。

そんな社会であるからこそ、「こどものみかた」である大人たちが増えることが、何より子ども支援の一番の要になるのです。


「こどものみかた」は、常に子どもの視点で子どもと一緒に考えます。

「こどものみかた」は、子どものした「事」より、してしまった「理由」に注目します。

「こどものみかた」は、子どもをジャッジしません。

「こどものみかた」は、子どもを何かの物差しではかりません。

「こどものみかた」は、子どもの声に真摯に耳を傾けます。

「こどものみかた」は、転ばぬ先の杖は持たず、たとえ転んでも一緒に考えます。

「こどものみかた」は、子どもの可能性を無限大に信じます。

「こどものみかた」は、一人ひとりの子どもの育ちをじっくり待ちます。

「こどものみかた」は、子ども一人ひとりに寄り添います。

「こどものみかた」は、いつでもどんな時も、誰が相手でも子どもの味方でい続けます。

子どもたちが、それぞれのペースで、自分自身を愛し、大切にし、一歩を踏み出していけるよう、信じて待つ。

信じ続けている間に、時にはもうダメなんじゃないかと、あきらめたり絶望したりするような場面に出くわすこともあります。

それでも私たち「こどものみかた」は、信じ続けるのです。

本当の意味での自分の味方を一人でも見つけられたとき、子どもたちは、大きく社会に一歩を踏み出していけるでしょう。

子どもたちが何度つまずこうが、失敗しようが、子どもたちを大きな心で信じ、そこに変わらずにいること。

子どもが心から信頼できる素のままの自分を出せるたった一人の誰かとの出会いがあれば、子どもたちの未来には決して消えることのない小さな希望のあかりが灯るのです。

日本中に、世界中に「こどものみかた」があふれ、すべての子どもたちに希望のあかりが灯りますように。

２０１９年８月　堀川　愛

こどものみかた・制度の狭間の子どもたちのための安心の居場所を継続して運営するためのサポーター・ご寄付の募集

振込口座
琉球銀行　佐敷支店
普通口座　397886
一般社団法人こどものみかたプロジェクト

【著者紹介】

堀川　愛（ほりかわ　あい）

1973年生まれ。味の素株式会社、株式会社オリエンタルランドでの勤務から、フリーライターを経て、2013年より現在まで沖縄大学地域研究所特別研究員とともに2014年からは沖縄県こども総合研究所の所長も務める。2018年には「こどものみかたプロジェクト」を立ち上げ、子ども緊急シェルターの運営・支援相談をスタート。プロジェクトは2019年4月に法人化し一般社団法人こどものみかたプロジェクトの理事に就任。沖縄県子ども調査（2015）、沖縄県高校生調査（2016）、沖縄県乳幼児調査に関わる。共著に『沖縄子どもの貧困白書』（2017年かもがわ出版）。2男3女の5児の母。

子どもの島 沖縄　「こどものみかた」であるために

2019年10月1日　初版第1刷発行

著　者　堀川　愛
発行者　坂手崇保
発行所　日本機関紙出版センター
〒553-0006　大阪市福島区吉野3-2-35
TEL 06-6465-1254　FAX 06-6465-1255
http://kikanshi-book.com/
hon@nike.eonet.ne.jp
本文組版　Third
編　集　丸尾忠義
印刷・製本　SORA貿易

Printed in Japan
ISBN978-4-88900-974-3